Los lugares de los escritores
Guía literaria de Sicilia

Los lugares de los escritores
Guía literaria de Sicilia

Domenica Perrone (Ed.)
Edición española de Leonarda Trapassi
Traducción de Rosalía Gómez y Leonarda Trapassi

Arte/Historia

Título original: *I luoghi degli scrittori. Guida letteraria della Sicilia*
(a cura di Domenica Perrone)
© 2007 – Bonanno Editore. Acireale–Roma
Imagen de portada: *Sicilia*, de Bruno Caruso
Edición española: Editorial Doble J
C/ Brasil 11, 2º izda.
41013 Sevilla, España
www.editorialdoblej.es
editorialdoblej@editorialdoblej.es
ISBN: 978-84-96875-98-2

Índice

Introducción: Topografías literarias.
La Sicilia de los escritores
Domenica Perrone 3

I. *Nostos* como *nekya*: celebración del «escila y caribdis»
en el *Horcynus Orca* de D'Arrigo
Giada Fricano 33

II. La Sicilia en blanco y negro de Giovanni Verga
Lavinia Spalanca 53

III. El «viaje sentimental» de Quasimodo a Sicilia
Claudia Carmina 69

IV. Girgenti y Pirandello: «una spoon river mediterránea»
Salvatore Ferlita 93

V. «Isla en la isla», la Racalmuto de Leonardo Sciascia
Simone Gatto 119

VI. El perímetro interno de la Sicilia de Nino Savarese
Cinzia Pinello 149

VII. Naturaleza e historia en la Sicilia «memorial» de Tomasi di Lampedusa
Donatella La Monaca 171

VIII. La Sicilia de los extranjeros
Natale Tedesco 193

IX. Guía literaria de Sicilia. Nota y apéndice bio-bibliográfico a la edición española
Leonarda Trapassi 213

*¡Asombrosos viajeros! ¡Qué nobles relatos
Leemos en vuestros ojos profundos como los mares!
Mostradnos los joyeros de vuestras ricas memorias,
Esas alhajas maravillosas, hechas de astros y de éter.*
C. Baudelaire, *El viaje*

Introducción: Topografías literarias.
La Sicilia de los escritores
Domenica Perrone

Este libro habla de Sicilia, de cómo ha sido vista y representada, especialmente por algunos de sus más significativos escritores, sin excluir una panorámica final sobre la que contaron los extranjeros que visitaron la isla entre los siglos XVII y XX. Al trazar tan especial e inusitada topografía, aspira a ser acogido en la pequeña biblioteca esencial del viajero deseoso de conocer la isla y, en otros términos, a convertirse en una importante guía *baedeker* para quien quiera comprenderla en toda su riqueza y su complejidad cultural.

Es necesario decir, por otra parte, que los ensayos que aquí se recogen están dedicados a aquellos autores sicilianos para los que se ha constituido un parque literario. Nuestro libro, efectivamente, pretende contribuir a lograr el objetivo común de hacer revivir las «experiencias visuales y emocionales» de un artista, maduradas en un lugar dado y en un determinado ambiente y, en otros términos, ofrecer un ulterior impulso para profundizar en la calidad cultural de los espacios en su especificidad y no sólo en su aspecto naturalista. Este primer ensayo, sin embargo, tratará de dar cuenta de otras importantes presencias intelectuales, que merecerían ser incorporadas con pleno derecho a un circuito de este tipo, y recomponer, en la medida de lo posible, una cartografía literaria más articulada de la isla.

El lector ideal de esta guía será naturalmente el viandante que trata de aferrar el alma de los lugares, es decir, que ama vagabundear y detenerse saboreando sus aspectos menos conocidos, la vida secreta, las atmósferas irrepetibles. Así pues, se ha preparado este itinerario secundando el deseo de caminar sin prisa, de detenerse y desviarse, de tomar posesión del espacio de forma gradual. En consecuencia, despreciando los ritmos acelerados impuestos por los frenéticos tiempos actuales, nuestra hipótesis de viaje excluye programáticamente las llegadas rápidas a la isla, así como una acelerada y presurosa ocupación y auspicia, en cambio, una entrada lenta y abierta a las sensaciones, dispuesta a escuchar y a reconocer la voz del otro.

Hace alrededor de dos siglos, el 1 de abril de 1787, Wolfgang Goethe, a bordo de una barca-correo que se dirigía de Nápoles a Palermo, después de una furiosa tormenta que estalló a las tres de la mañana, una vez dejada Ustica a la izquierda, avistaba, hacia mediodía, la costa siciliana. A causa del viento contrario, la navegación se había detenido durante casi todo el día y sólo al atardecer pudo el velero poner rumbo hacia la ciudad. Además, durante toda la noche, «el capitán cambió muchas veces las órdenes de maniobra». Finalmente, hizo falta toda la mañana del dos de abril y las primeras horas de la tarde para entrar por fin en el puerto. En este lapso de tiempo, indefinido e inconcebible para el turista contemporáneo, el escritor alemán, sin dar jamás signos de impaciencia, pudo saborear lentamente algunas incomparables visiones. A través de su catalejo pudo observar a una gran tortuga marina «que nadaba en la distancia», sentir alegría al avistar un banco de delfines que se daban «impulso con las aletas del dorso y del vientre y con los costados de deslumbrantes tintas verde y oro», «contemplar atentamente la costa», mientras Christoph Heinrich Kniep, que lo había seguido desde Nápoles para retratar el paisaje, no dejaba escapar la extraordinaria ocasión de dibujar varias vistas en sus mínimos detalles.

El lento desarrollo del viaje se revela, en este caso, un recurso inigualable para la mirada que potencia, de este modo, su propia capacidad de ver. Este protagonismo del ojo resulta talmente evidente en las notas del *Viaje a Sicilia* que quedó impreso en la memoria de Vitaliano Brancati, que así lo refleja, con su afilada pluma, en una de las Cartas al Director, titulada *Il castello*, uniendo el reconocimiento de la grandeza goethiana a una irónica aunque, en última instancia, afectuosa evocación:

> Un día, puso el pie en esta tierra el señor Volfang Goethe: Palermo tuvo pues el honor de enviar su imagen a los ojos más tranquilos del siglo. El señor Goethe llegó y *vio* Palermo. Él sabía perfectamente que, para las cosas de la tierra, ser vistas por él era un fausto acontecimiento. Y como el dios Goethe llevaba consigo al cronista Goethe, pues he aquí al segundo contar, también en esta ocasión, y precisamente en su *Viaje a*

Sicilia, con la debida solemnidad, cómo y donde había alojado el primero en su pupila a la ciudad de Palermo. Si no recuerdo mal, Goethe llegó a Sicilia por mar; y al atardecer, casi para relevar al sol. Apenas llegó fue a la Favorita, y con la cabeza apoyada en el respaldo de una silla, imaginó un hermosísimo drama. ¡Tiempos felices los del señor Goethe! Europa, en su proceso de «respiro intelectual» se encontraba en el momento en que se aspira el aire y se ensancha el pecho. Lo primero que interesó al señor Goethe fue la cuestión de la luz (*Il castello*, en *Romanzi e saggi*).[1]

El escritor siciliano, de visita en la capital de la isla un siglo y medio después, en mayo de 1938, atraído por los juegos de luz que dibujaban la ciudad, reexamina el recuerdo de la atención dedicada por el gran viajero del siglo XVIII a la luminosidad del paisaje. Goethe, en efecto, apenas entrado en el puerto, había notado inmediatamente la especial cualidad de la luz y había anotado:

> La ciudad está orientada hacia el norte, al pie de unas altas montañas donde en ese momento brillaba el sol. Las fachadas de los edificios, en la sombra, nos miraban iluminadas por el reflejo. A la derecha, el monte Pellegrino, con sus elegantes formas a plena luz; a la izquierda, la orilla que se extiende a lo lejos con sus bahías, sus lenguas de tierra y sus promontorios. El verde tierno de unos graciosos árboles producía, más a lo lejos, un efecto

sumamente encantador; sus copas, iluminadas por detrás, se mecían ante los sombreados edificios, como una multitud de luciérnagas vegetales. Un vapor tenue azulaba todas las sombras (*Viaje a Italia*, p. 230).

Pero si a los ojos del fascinado visitante nórdico la intensidad de la luz exalta la belleza de los lugares hasta impregnar incluso las sombras, a los ojos del indígena visitante del sur éstas urden una trama barroca de claro y de oscuro, casi una inquieta alternancia de llenos y de vacíos, de presencia y ausencia:

El sol surge, entre los montes, del mar y declina, entre los montes, en el mar. En el atardecer, los rayos del sol pasan a través de las montañas, tocando Palermo en el más irregular de los modos. La luz no llega a barrios completos, que se quedan en una penumbra turquesa, iluminando grupos de casas en los puntos más disparatados. La escena es muy singular. Se ven cúpulas, terrazas, techos completamente privados de la luz, y debajo de éstos, filas de casas bajas iluminadas fuertemente. Rayos finos van a pescar bien a una ventana, bien a un perro que se muerde la cola, detalles menudísimos que, por estar iluminados en medio de un cuadro oscuro, se vuelven visibles también a gran distancia (V. Brancati, *Il castello*).[2]

Por otra parte, Brancati, en su obra, ha confiado constantemente al topos de la luz significados existenciales, comenzando por su novela juvenil *L'amico del vincitore* (en la cual uno de los protagonistas proyectaba ya escribir un drama sobre el horror de la luz) para acabar con *Paolo il caldo,* cuya dualidad, es decir la oposición sensualidad-razón, lujuria-pureza, está marcada desde el primer capítulo precisamente por una doble imagen de la luminosidad isleña. Sólo el punto de vista autóctono, en este caso, ha sido capaz de descubrir y desvelar «la toma oscura» de la exorbitante luz del sur:

> Y, sin embargo, a pesar de su intensidad, o quizá a causa de ella, la luz del sur revela en la memoria una profunda naturaleza de tiniebla. En su exorbitancia, rebasa continuamente los confines del reino opuesto, y cuando se dice que es deslumbrante, se quiere aludir tal vez, sin tener conciencia exacta, a ciertos destellos de oscuridad procedentes de su interior (*Los placeres de Paolo,* en *Tríptico siciliano,* p. 498).[3]

En ejemplos como éste, la guía literaria que aquí se ofrece encuentra una de sus motivaciones. Efectivamente, se le quiere ofrecer al turista, a través de una perspectiva inherente a la cultura isleña, la ocasión de ir más allá de las apariencias, la posibilidad de adquirir una doble visión que le permita componer una cartografía no sólo física, sino antropológica, existencial, vital.

Y, ciertamente, sea cual sea el punto de la isla por el que se comience el viaje, es la calidad de la luz y la intensidad del azul del cielo y del mar lo que el viajero mira inmediatamente con admiración. Ese «cielo y ese mar, milagrosamente resistentes a los insultos de la química», junto a los «volcanes en llamas, las suaves colinas», son los elementos de la naturaleza en los que también escritores como Gesualdo Bufalino encuentran el aspecto duradero de la isla, justamente después de haber dejado al desnudo sus dos almas, las dos voces alternas que conviven en ella:

> Es como si, navegando entre Escila y Caribdis, en el surco que deja el barco, aparecieran dos sirenas y os tentaran con dos halagos opuestos: uno celeste, que habla de jazmines de Arabia, gozos de luna, playas semejantes a mejillas doradas; el otro oscuro, infernal, con mediodías ciegos cayendo a plomo sobre los caminos rurales y sangre que se seca despacio a los pies de un viejo olivo. (C. Bufalino, *Pro Sicilia*, en *La Luce e il lutto*, p. 13).[4]

En el pequeño volumen *La luce e il lutto*, una colección de escritos sobre Sicilia, el lector-viandante podrá encontrar, además de lo citado anteriormente, interesantes claves para comprender «la identidad plural» de la isla o, también, si siente curiosidad por los lugares y al mismo tiempo por los habitantes, para conocer el «difícil origen» de los sicilianos yendo a verificar el *identikit*, en catorce puntos, del Siciliano Absoluto elaborado por el escritor comisano con hiperbólica acribia:

1) Tendencia a sustituir el hacer con el decir. Pesimismo de la voluntad.
2) Racionalismo sofístico. El sofisma vivido como pasión.

3) Espíritu de complicidad contra el poder, el Estado o la autoridad, entendidos como «extranjero».
4) Orgullo y pudor unidos de forma inextricable.
5) Sensibilidad patológica al juicio del prójimo.
6) Sentimiento de honor ofendido (aunque a menudo, sólo cuando el deshonor es evidente y no antes).
7) Sentimiento de la enfermedad como culpa y vergüenza.
8) Sentimiento del teatro, espíritu mistificador
9) Gusto por la comunicación avara y cifrada (hasta la *omertà*) como alternativa al extremismo verbal y a la hipérbole de los gestos.
10) Sentimiento enloquecido de las propias razones, de la justicia ofendida.
11) Vanagloria viril, fiesta y tristeza en los usos del sexo.
12) Sujeción al *clan* familiar, especialmente a la madre patrona.
13) Sentimiento de propiedad de la tierra y de la casa como una prolongación artificial de *uno* mismo y subsidiaria inmortalidad.
14) Sentimiento punzante de la vida y de la muerte, del sol y de las tinieblas que en él anidan...
(*Quella difficile anagrafe*, en op. cit., p. 23)[5].

Introducido de este modo en la isla, por estas primeras lecturas, ¿adónde llegará y cómo se moverá nuestro turista?

Si «los verdaderos viajeros parten por partir y basta» como enseña Baudelaire, si sus corazones son «leves, como globos que sólo el azar mueve eternamente», nuestra guía literaria intentará incitarlos, con un ligero soplo, a emprender uno de los muchos recorridos posibles, pero sin oponerse, si llegan, a hálitos de viento procedentes de direcciones distintas de la nuestra. Es más, desviarse, cambiar de rumbo para luego volver a la trayectoria principal será una prerrogativa irrenunciable que permitirá llenar lagunas, abrazar otros paisajes y otras historias.

Una gran parte de los famosos viajeros del pasado tenía por costumbre llegar a Sicilia arribando a Palermo mientras que hoy, visto el uso preponderante del avión, la llegada al aeropuerto de la capital, o bien al de Catania, es con seguridad la más probable. Sin embargo, en éste, que pretende ser también un viaje en el tiempo, nos parece que la travesía del estrecho puede hacer revivir en el turista la memoria de un trauma antiquísimo: el alejamiento de la tierra firme, cuyas huellas sobreviven en cierto modo en el mito de Escila y Caribdis, los amenazantes monstruos marinos situados como guardianes respectivamente de la costa de Calabria y de la siciliana. Cruzar aquella estrecha pero profunda lengua de mar continuamente atravesada por corrientes insidiosas fue, en el pasado, una difícil prueba a la que se enfrentaron héroes como Ulises o los Argonautas. Los pescadores, forjados por esta «rareza del doble mar» de cuyos recursos fueron obligados a vivir, han robustecido el carácter, endurecido la piel con su dura lección, se han convertido en aquellos pieldelija[6] a los que se refería Stefano D'Arrigo en su memorable *Horcynus Orca*. En el «dos mares» infestado de cadáveres, de carroña y, al final, del cadáver de la terrible orca, ya nunca más imbatible e inmortal, el joven 'Ndria, de vuelta a casa después de haber desertado de la guerra, como un odisiaco al que no se le concede ya un verdadero regreso ni una verdadera patria, al que ya no le es posible encontrar el pueblo y la vida de otro tiempo, cumple su único reto posible corriendo hacia la muerte con una última y furiosa bogada.

Más al sur, sobre el lado jónico, un poco antes de Catania, casi un siglo antes, otra «gente de mar», odisiacos destinados a la derrota, los vencidos de Verga, habían encontrado un ingrato destino. El viandante que se dirige ya a aquellos lugares, hoy readaptados en versión turística, podrá recuperar la Sicilia de Verga precisamente mirando el mar, los escollos de los Cíclopes, los farallones. Aquella Sicilia que el escritor, apasionado de la fotografía, representó en «blanco y negro», haciendo explotar, sin embargo, en la página escrita, el azul del mar, el incendio de los campos asolados, el fuego de las amapolas rojas que el lector habitual sabe que encontrará, por ejemplo, en el extraordinario final del cuento *La lupa*:

> Cuando la divisó de lejos, en medio de los verdes sembrados, dejó de cavar la viña y fue a arrancar el hacha del olmo. La loba lo vio acercarse, pálido y con los ojos muy abiertos, con el hacha brillando al sol. Pero no dio un solo paso para retroceder, no bajó la mirada. Siguió caminando hacia su encuentro, con las manos llenas de amapolas rojas, comiéndoselo con sus ojos negros. – ¡Ah, maldita sea tu alma! –balbució Nanni (*La loba*, en *La vida en el campo*, p. 114).[7]

Y si de la casa del níspero de *I Malavoglia* nuestro turista no encontrará ya más que el nombre de alguna casa de comidas o la ambientación de un museo cualquiera de cultura material, será en las inolvidables palabras del patrón 'Ntoni donde éste capte en toda su intensidad el sentimiento profundo que los sicilianos tienen de la casa: «La casa te abraza y te besa».

En Catania, luego, lugares y memoria literaria se entrelazarán continuamente. El viajero que haya leído a De Roberto y a Brancati, topándose con el Monasterio de los Banedictinos, el Palazzo di San Giuliano o en el Palazzo Biscari o, también, paseando por via Etnea, se sentirá acompañado por personajes e historias que le desvelan el fondo gangrenoso y trágico de la sociedad siciliana, pero también el malestar que los hombres comunes e inermes sienten al vivir dentro de los límites de la prosaica realidad. El rigor, el escrúpulo analítico del autor de los *Viceré* y la ironía del escritor de *Don Giovanni in Sicilia* concurrirán ciertamente para dar cuenta de una identidad isleña dividida entre normalidad y excepción, entre sonrisa y burlas, entre comicidad y tragedia.

De esta etapa, de este lugar, que ha sido un formidable crisol literario, la ruta del viaje podría orientarse en direcciones múltiples, es decir, dirigirse hacia el extremo oriental de la isla, hacia Siracusa y la zona hiblea, o hacia el interior para luego dirigirse de nuevo a algunas poblaciones de la costa, bien al norte bien al sur.

Una invitación a dejarse fascinar por tantos pueblos isleños, ricos en monumentos y en historia, viene ciertamente de Elio Vittorini. Hijo de ferroviario, éste había vagabundeado por las distintas estaciones de Sicilia y había aprendido a escuchar su voz profunda. Pero en Siracusa, la ciudad antiquísima en la que había nacido y luego estudiado, aquella memoria de cosas lejanas, de experiencias originarias, se había saldado dándole el impulso para actuar con pasión en el presente.

Desde este punto palpitante y vital de la isla, cuya luz extraordinariamente blanca parece continuar descendiendo desde el tiempo de los dioses, el inquieto escritor nos anima pues a ir en busca de las «ciudades del mundo», a encontrarlas en sus más variopintas tierras compartiendo, una y otra vez, para la última de éstas, el entusiasmo del joven pastor, protagonista de una novela suya:

El rostro de Rosario se alzaba radiante al pie del acantilado que ascendía entre cielo y cielo. Frente a él se erguía la ciudad de Scicli, con las coronas de santuarios en la cima de los tres grandes valles, con las pendientes de tejados y escalinatas a lo largo de los flancos de la montaña, y con la amplia negrura de una multitud que hormigueaba en el interior de una tolvanera de sol, más abajo, en el fondo de la plaza, de la que partía y se extendía hacia occidente un abanico de llanuras. Rosario se sentía feliz, y le mostraba aquella visión a su padre como si temiera que fuera a desvanecerse antes de su llegada [...]. El rostro de Rosario se alzaba radiante al pie del acantilado que ascendía entre cielo y cielo. Frente a él se erguía la ciudad de Scicli, con las coronas de santuarios en la cima de los tres grandes valles, con las pendientes de tejados y escalinatas a lo largo de los flancos de la montaña, y con la amplia negrura de una multitud que hormigueaba en el interior de una tolvanera de sol, más abajo, en el fondo de la plaza, de la que partía y se extendía hacia occidente un abanico de llanuras. Rosario se sentía feliz, y le

mostraba aquella visión a su padre como si temiera que fuera a desvanecerse antes de su llegada [...].
—¿Pero qué ciudad es? —preguntó—. ¿Es Jerusalén? Tenía en los ojos las espinas agudas del sol que le impedían distinguir el rostro de su padre [...].
Rosario continuaba: —Es la más bella de todas las ciudades que hemos visto. Más que Piazza Armerina. Más que Caltagirone. Más que Ragusa y más que Nicosia, y más que Enna... El padre no lo negaba: Miraba las piedras sin decir nada, y Rosario añadía: — Posiblemente sea ésta la ciudad más bella del mundo. Y es sabido que cuando las ciudades son bellas la gente es feliz. ¿Recuerdas qué feliz era la gente de las ciudades que visitamos en vísperas de Navidad? ¿Y qué feliz era en Caltagirone el último carnaval? ¿Y qué feliz lo era en Caltagirone el día de los muertos del año anterior? ¿Y qué feliz era en Piazza Armerina la última Pascua que pasamos allí?
El padre no negaba nada; estaba únicamente preocupado, sin hacer otra cosa que no fuera observar la piedra que tenía bajo sus pies; Rosario hizo una pausa de un segundo e inmediatamente continuó: —Y uno entiende que la gente se sienta feliz. Tiene bellas plazas y bellas calles por donde pasear, tiene hermosas casas a las que regresar por la noche, y tiene todas las demás cosas que tiene. Y es gente hermosa. Tú mismo lo dices cada vez que llegamos a Nicosia. ¡Mira qué hermosa gente! Y también lo dices cada vez que entramos en Enna. ¡Mira qué hermosa gente! Y si tropezamos con algún viejo

dices ¡Mira qué hermoso viejo! Si encontramos a una muchacha te vuelves a mirarla y dices mira qué hermosa muchacha. ¿Lo podrías negar? Dices que debe ser porque el aire es bueno, pero mientras más bellas son las ciudades más bella es su gente como si también el aire fuera allí más bueno... (*Las ciudades del mundo*, p. 10-15).[8]

Poco antes que el autor de *Conversazione in Sicilia*, con una conciencia distinta, Salvatore Quasimodo, también él hijo de ferroviario, nacido en Modica, entonces en provincia de Siracusa, había encontrado el aliento de las «antiquísimas civilizaciones» en los paisajes y en las figuras de los lugares que había pisado de niño y a cuyo latido había acordado su propio canto. El poeta de *Acque e terre*, de *Oboe sommerso* y de *Erato e Apollion* es el guía que ayuda a sentir la vertiente griega (la *grecità*) de su isla, a reencontrar en ella la infancia del mundo. Llegado aquí para revivir «un idilio de fábula antigua» (cfr. N. Tedesco, *L'isola impareggiabile*) para recuperar la memoria de hechos ancestrales, el visitante deberá volver entonces a percibir la problemática de la Sicilia histórica. Y será el propio Quasimodo, con los lugares y las imágenes de sus colecciones posteriores, el que ofrezca una lente bifocal capaz de mirar al mismo tiempo mito e historia, de unir la nostalgia por el paraíso perdido y la mirada vigilante sobre el presente.

Pasada esta etapa neurálgica del *tour* siciliano, el dulce barroco de las pequeñas ciudades hibleas servirá de mediador entre el clasicismo y la contemporaneidad. De este modo, serán visitas obligadas Ragusa Ibla, la Chiaromonte Gulfi de Serafino Amabile Guastella y la Comiso de Gesualdo Bufalino, para luego alargarse un momento hasta la ventosa Pachino de Brancati.

A este punto la ruta del viaje se dirigirá, vía Gela, hacia Agrigento, hacia la Girgenti de Luigi Pirandello. Y ello significará, después de haber contemplado el extraordinario espectáculo del valle de los templos, seguir el trazado de una geografía del alma, captar el lugar, real e imaginario a la vez, en que el escritor escenificó incansablemente el humano dolor. Entre el pirandellismo de la naturaleza y la tensión racional, la voluntad de ordenar lo real, tomará luego consistencia, desde mediados del siglo XX, la Racalmuto de Leonardo Sciascia mientras, en las últimas décadas del siglo XIX, siempre en el área agrigentina, un anuncio de la sofisticación de la moral sexual, una especie de pre-pirandellismo, se había producido en la Sambuca de Emanuele Navarro della Miraglia. Pero, siempre en esta zona geográfica donde brilla, como le gustaría decir a Brancati, la «estrella» del autor del *Fu Mattia Pascal*, en Santa Margherita Belice, el viandante podrá disfrutar del paisaje inolvidable de la Donnafugata gatopardiana y evocar, a través de la novela de Tomasi di Lampedusa, los ambientes y los momentos extraordinarios de una historia familiar que fue, al mismo tiempo, el símbolo de un cambio de época.

En una Carta al Director del semanario «Omnibus», enviada desde Caltanissetta, Vitaliano Brancati diseñaba, a finales de los años treinta, un original mapa interior y comportamental de los sicilianos, que los reducía a dos diferentes modos de ser y de actuar. Él le atribuía a los sicilianos de la costa oriental la prerrogativa de sonreír y de atenuar los errores con la ironía, y a los de la costa occidental, en cambio, la prerrogativa del resentimiento filosófico y de los interrogantes metafísicos. Y era justamente en la ciudad en la que ahora se encontraba, dando clases en la Escuela de Magisterio (precisamente aquí, durante los mismos años, el joven Sciascia realizaba sus estudios) donde el escritor señalaba la línea fronteriza entre estas dos almas. Según el escritor, en Caltanissetta, rebautizada como Nissa, el resentimiento metafísico y la manía de razonar sufren una reducción a lo cotidiano expresándose en una medida degradada que provoca una especie de desfase y genera situaciones que llegan al límite de la locura.

Si para un escritor de la costa oriental, como lo fue Brancati, el centro de la isla se convierte en el escenario de una enésima parábola del fracaso, que adquiere los colores de la tragicomedia (véase *Sogno di un valzer*), es en las obras de escritores del lugar, como Nino Savarese, de Enna, y el escritor de Caltanissetta Pier Maria Rosso di San Secondo, donde se podrá adquirir contemporáneamente la experiencia de lo antiguo y de lo moderno, del encanto del mito y del infierno de la mina de azufre. Así, mientras el uno contrapone al «mundo burgués», al caos contemporáneo, el paisaje natural y la búsqueda de una memoria originaria, materializándola en el legado mítico del territorio, el otro, tras haberse pateado los caminos del centro de Europa, tras haber dado voz en muchas de sus obras a los que andan «perdidos por el mundo» (léase *Marionette che passione*, aunque antes había ambientado en la Sicilia de la burguesía pueblerina y de los trabajadores del azufre *La bella addormentata*), vuelve a revisitar el mito para llevárselo al campo de lo paródico.

Guiados de este modo, visitar el lago de Pergusa significará llegar al corazón de todo, es decir, encontrarse en un lugar donde conviven ancestralidad y modernidad. He aquí cómo las admoniciones y exhortaciones de un personaje del *Ratto di*

Proserpina, Pandora, a que se quede en la isla, a que goce de su belleza, deberán enfrentarse con el deseo de novedades de la joven hija de Ceres:

> PANDORA [...] no te alejes nunca del lado de quien te generó, no prestes atención a quien no conoces suficientemente, no te dejes seducir por los halagos de ningún tipo. Que tu pecho respire siempre este aire balsámico de la isla antigua, toda espléndida de azul y verde, y que tu aliento la perfume de ambrosia. No traiciones esta tierra que hoy vetea en el plateado frutal al sol de junio que se enamora despertando en la tarde vientos ligeros de apasionada ternura. Desde el Etna que tú ves descollar blanco y soñador en el cielo, en los bordes extremos de la playa de Trapani, desde la Conca d'oro, coronada de naranjos, hasta los jardines y las viñas de Gela y de Agrigento, la isla chorrearía lágrimas sin tí.
>
> PROSERPINA [...] Si me quedo aquí, ¿qué puedo hacer? A lo sumo dar pienso a las gallinas y llevar a pastar a las cabritas... Y también esta América es una especie de infierno con sus maquinarias, sus rascacielos, su torbellino de dinero... Tengo miedo de no ser suficientemente moderna (P. M. Rosso di. San Secondo, *Il ratto di Proserpina*).[9]

Esta actualización del mito llevada a cabo por Rosso di San Secondo le permitirá al lector-viandante superar el cortocircuito de tiempo y espacio producido por la magia de un paisaje 'poseído' por recuerdos ancestrales. La brújula del viaje, momentáneamente enloquecida, también por mérito de las páginas del dramaturgo de Caltanissetta, volverá a señalar su norte. El lector, con el *Ratto di Proserpina* en el bolsillo, está dispuesto por fin a emprender una nueva aventura, es decir que está listo para descubrir las numerosas estratificaciones culturales de la capital de la isla. Éste necesitará varios días para conocer la Palermo árabe, normando-sueva, catalana, barroca, liberty y, obviamente, no olvidará que en la ciudad misma, en los alrededores y más allá de ellos, se encuentran diseminadas huellas de presencias mucho más antiguas, que lo esperan las estaciones indispensables para completar la vuelta a la isla: Solunto e Himera, al este, y Segesta, Mozia y Selinunte, al oeste y al suroeste.

Pero es precisamente a su regreso de estos sitios arqueológicos inolvidables cuando nuestra guía literaria, siguiendo sobre todo una cartografía antropológica y existencial, quiere llevar al turista a vivir uno de los momentos más emocionantes de su viaje. A este punto, no se tratará tanto de ver con los ojos como de encontrar, a través del recuerdo, un lugar 'vivo' por la fuerza de la escritura. Es aquí donde Sicilia desvelará la parte más íntima de sí, donde descubrirá sus cuerdas más sensibles, y para que eso suceda exigirá de quien se le acerca, como le gustaría decir a Leonardo Sciascia, «simpatía y conocimiento». Simpatía en el sentido etimológico de la palabra, es decir, capacidad de sufrir con quien se muestra cercano, de sentir con él, y capacidad de descifrar su sintaxis secreta, que es también una sintaxis del corazón. Y claro que tendrá corazón el viandante que, dando vueltas por el casco histórico de Palermo, entre los palacios nobiliarios, sabe, porque lo ha leído y no lo ha olvidado, que en las inmediaciones de via Roma, entre via Lampedusa y via Bara dell'Olivella, ya no está la casa del escritor de *Il Gattopardo*. Casa, como le gustaba llamarla al príncipe, y no palacio («nombre que ha sido desnaturalizado atribuyéndolo como ahora a los falansterios de quince pisos»): en los *Ricordi d'infanzia*, Giuseppe Tomasi la evoca con acentos apasionados y tiernos, recurriendo a una adjetivación que, al subrayar su propia implicación afectiva, genera una verdadera personificación:

> Ante todo, nuestra casa. La quería con total devoción. Y la quiero aún ahora, cuando ya hace doce años que sólo es un recuerdo [...]. Me resultará, pues, muy doloroso evocar a la amada Desaparecida tal como fue hasta 1929, en su integridad y su belleza, y como al fin y al cabo siguió siéndolo hasta el 5 de abril de 1943 (*Infancia*, en *Relatos*, p.38).[10]

La descripción que el escritor ofrece de la morada de sus antepasados, «la amada Desaparecida» destruida por los bombardeos de 1943, pretende subrayar su unicidad:

> Estoy seguro de que en ningún lugar de la tierra el cielo ha desplegado jamás un azul tan rabioso como el que extendía sobre el recinto de nuestra azotea, nunca el sol ha arrojado luces más suaves que las que penetraban por las contraventanas entornadas del «salón verde», nunca manchas de humedad en paredes exteriores de patio alguno han ofrecido formas capaces de excitar tanto la fantasía como las que había en mi casa (*Ibidem*, p. 39).[11]

Y es una unicidad que no deriva solamente del hecho de ser vasta, inmensa, una residencia objetivamente extraordinaria, sino de ser sobre todo un espacio interior. Es la casa, como precisa el escritor, «en el sentido arcaico y venerable de la palabra», es decir el lugar protegido en el que se estableció su primera relación con el mundo, donde se entretejieron las primeras relaciones con los otros, el refugio, el microcosmos en el que se reconoce y se perpetúa la historia individual y familiar.

Así, si releemos la primera página de *Il Gattopardo* a la luz del afectuoso reconocimiento de los lugares y de las explícitas declaraciones de amor llevadas a cabo en los *Ricordi*, comprendemos mucho mejor que la casa, que puede aparecer en principio como el marco en el que se mueven Don Fabrizio y los otros personajes, es, junto a él mismo, la protagonista de la novela. A las primeras frases, ésta se impone a la atención del lector y lo captura como un ser vivo con todos sus atractivos, sus cualidades: la seda del cortinaje, el fresco del techo, el jardín, las habitaciones destinadas a la administración, el Observatorio.

En la novela, por tanto, la casa y sus *dependances* se abren camino, como deuteragonistas del Príncipe; los *Ricordi*, en particular, no sólo insisten en su centralidad temática, sino que aclaran también el sentimiento que los anima.

Lo que prueba el príncipe Tomasi di Lampedusa, y por él su personaje, está muy cerca de lo que siente el patrón 'Ntoni de *I Malavoglia*, «los de la casa del níspero» (y quizá no sea una casualidad que justamente en estas páginas autobiográficas lampedusianas *I Malavoglia* aparezca significativamente entre los libros de la biblioteca del palacio de S. Margherita).

También en la novela de Verga la casa es todo uno con los protagonistas, es el lugar donde se institucionaliza la identidad familiar: «La casa de los Malavoglia había sido una de las primeras de Trezza».

Pero más allá de la gran distancia social y cultural, tanto el personaje de Verga como el príncipe escritor viven de modo totalizador el vínculo con este espacio vital y la ruptura de éste como una herida incurable: «para todo pájaro su nido es hermoso» y deseo morir donde he nacido. «Feliz el que muere en su propia cama». Las palabras del patrón 'Ntoni se encuentran, superando las barreras del tiempo y de las clases sociales, con aquellas especialmente doloridas del escritor palermitano: «Estaba contento porque estaba seguro de morir en aquella casa, tal vez en aquella misma habitación».

Ya se trate de un conjunto intrincado de múltiples y multiformes ambientes o de una humilde casa de pescadores con su pequeño patio cerrado por una tapia por la que se «asomaba» un níspero, lo que domina es un arcaico sentimiento de la casa que, podríamos decir, nos remite a una cultura antropológica de base común (cfr. D. Perrone, *La casa e dintorni*, en *La memoria dilatata*, p. 51-59).

La aparición de la estrella lampedusiana sobre el cielo de Palermo, a las puertas de los años sesenta, provocó una saludable sacudida que hizo temblar la predominante vocación histórico-filosófica de la ciudad. La experiencia narrativa de *Il Gattopardo* constituye, en este sentido, un momento de liberación. Junto a Tomasi di Lampedusa surgen, para representar a Palermo, escritores como Angelo Fiore, Pizzuto y Leonardo Sciacia (el del *Consiglio d'Egitto* naturalmente), pero también escritores de vanguardia como Roberto Di Marco, Michele Perriera y Gaetano Testa.

Después de ellos, una nueva generación de prosistas, que comenzará sobre todo en la década de los noventa, competirá en Catania por el protagonismo literario. Las obras de Fulvio Abate, Roberto Alaimo, Marcello Benfante, Giosuè Calaciura, Domenico Conoscenti y Sandro Piazzese, en efecto, han abierto por fin sobre la capital un número sorprendente de ventanas de conocimiento.

Nuestro viaje podría concluir con la detección de este entusiasmante florecimiento literario.

Las guías canónicas sugieren, justamente, visitar muchos otros lugares. Y es verdad que la densidad de los centros de mayor relevancia histórico-artística en Sicilia obligue a hacer continuos y sorprendentes altos. Los testimonios de los grandes viajeros extranjeros de los siglos XVII al XX, sus diarios odepóricos lo demuestran de forma ejemplar.

Al releer las anotaciones de estos famosos predecesores suyos, el viandante de hoy compartirá con ellos, por ejemplo, el entusiasmo (que los depósitos del tiempo transcurrido tal vez cubran de nostalgia) por la belleza de la Sicilia clásica; como también, cuando emprenda ese «viaje en el viaje» que es el ascenso al monte Etna, él sentirá como redoblada su propia emoción *del relato llevado a cabo por Brydone, por Peyrefitte*, mientras se hace acompañar por la descripción de un siciliano inquieto, un siciliano de Polizzi Generosa que a su vez vagabundea por las calles del mundo, como fue Giuseppe Antonio Borgese:

> Es hermoso en esta estación - y en todas las estaciones – subir hacia la puesta de sol a Nicolosi, a los pies del Etna. Las casas son negras, las puertas verdes de madera han cogido una pátina de bronce

milenario. Pindárico, Etna, mama de fuego que alimenta y consume, sobresale, en su forma pura rodeada aún de nieves supremas, como un continente completamente suyo, en la isla grande, pero que no basta para su fuego. Las Montañas Rojas, cráteres más recientes, cercanos a nosotros, tienen forma de fragores. El amarillo de las retamas, alrededor, y hogueras. Barbacanes y torreones, con nombres militares, se les llama a las obras de piedras y muros contra la tierra en desprendimiento. Ésta, de lava y piedra volcánica, es oscura como la antracita, pero de los carbones apagados se levanta el verde de las vides, quemando con manos de fuego en los últimos pámpanos. Aquí la ebriedad dionisiaca, el don del vino, es clemencia, perdón de la naturaleza, que mata y resucita; el vino, impregnado de esencias áridas, llameante o sanguíneo, parece brotar de los sarmientos, no beberlo, no libarlo sería aquí como rechazar el pan y la sal, incluso a un abstemio esto le parecería irreligioso (G. A. Borgese, *Il touring nell'isola*).[12]

En cualquier caso, nos limitaremos aquí al itinerario clásico, añadiendo solamente algunas sugerencias posteriores. Apenas la rueda del viaje vuelva a girar, si nuestro turista ha decidido dirigir sus pasos a la costa tirrénica, si está visitando la Cefalù de Ruggero el Normando, si se apresta a atravesar el umbral del Museo Mandralisca, lo animamos a que se detenga un poco más de lo previsto delante del *Ritratto d'ignoto* de Antonello da Messina, que inspiró *Il sorriso dell'ignoto marinaio* de Vincenzo

Consolo, para descifrar su indefinible sonrisa y reconstruir una posible historia. Acompañado luego por las páginas del escritor de Sant'Agata di Militello, se dirigirá hacia los Nebrodi, pasará por la antigua Halesa, por Tusa, por Caronia, llegará hasta San Fratello, Alcara Li Fusi, verá San Marco D'Alunzio «suspendido en las rocas, con sus cien iglesias y su monasterio, en lo alto de la colina» e irá finalmente hacia Capo d'Orlando. Aquí Lucio Piccolo, en los años treinta, vino a vivir con su madre, Teresa Filangeri di Cutò, su hermana Agata Giovanna y su hermano Casimiro, abandonando la Palermo de su juventud, sus arquitecturas barrocas, «el delirio» de sus noches. En su villa del campo, situada en un alegre promontorio frente al mar y a las islas Eolias, el poeta de *Gioco a nascondere* y de *Plumelia* se disponía a recibir las imágenes de una naturaleza fertilísima y a escuchar los ecos de memorias ancestrales. En éste, que él definió como un «lugar de acceso a los paisajes», daba voz a la cultura de la crisis bajo la forma de un «duermevela mediterráneo» (cfr. N. Tedesco, *Lucio Piccolo*):

> Por torres y balcones expuestos
> contra las brisas vimos
> la última mirada del sol
> hacerse cristal marino
> de abismos… luego vino la noche
> rozaron inmensas alas
> de mariposas: sentido de la sombra.
> Pero el rayo que pareció perdido
> en el vórtice de la tierra
> encendió de verde lo hondo
> de nosotros donde canta perenne

una fábula, fue voz
que oímos en los días, floreció
de selvas temblorosas la mañana
(*Il raggio verde- El rayo verde*).[13]

Sobre la nota musical de los versos piccolianos el viandante, que después de esta etapa se prepara para el 'retorno', recorriendo el último tramo de la costa tirrénica en dirección a Messina, se dejará guiar, de nuevo, por los versos de otro poeta, el barcelonés Bartolo Cattafi y, finalmente, tras volver a ver con él la ciudad-guardia del estrecho, «rica gorda sentada / en el lugar justo /casi una suiza mediterránea», se despedirá de la isla. Así, con la maleta abarrotada de recuerdos, el protagonista de este *tour* literario atravesará de nuevo el estrecho contribuyendo al reflujo, una vez más, de las muchas historias de Sicilia en la historia del mundo.

Textos de referencia

G. A. Borgese, *Il touring nell'isola*, in *Una Sicilia senza aranci*, Avagliano, Roma 2005.
V. Brancati, *Romanzi e saggi*, Mondadori, Milano 2003.
G. Bufalino, *La luce e il lutto*, Sellerio, Palermo 1988.
B. Cattafi, *Poesie(1943-1979)*, Mondadori, Milano 1990.
V. Consolo, *Il sorriso dell'ignoto marinaio*, Mondadori, Milano 1987.
D. Perrone, *La memoria dilatata*, Bonanno, Acireale-Roma 2006.
L. Piccolo, *Plumelia, La seta, Il raggio verde*, Scheiwiller, Milano 2001.
P. M. Rosso di San Secondo, *Teatro*, Bulzoni, Roma 1976.
N. Tedesco, *L'isola impareggiabile*, Flaccovio, Palermo 2002.
N. Tedesco, *Lucio Piccolo*, Sciascia, Caltanissetta-Roma 2003.
G. Tomasi di Lampedusa, *Opere*, Mondadori, Milano 2004.
G. Verga, *Vita dei campi*, in *Tutte le novelle*, Mondadori, Milano 1981.
E. Vittorini, *Le opere narrative*, Mondadori, Milano 1980.

Traducciones de referencia

J. W. Goethe, *Viaje a Italia*, traducción de M. Scholz Rich, Ediciones B, Barcelona 2001.
V. Brancati, *Los placeres de Paolo*, en *Tríptico siciliano*, traducción de H. Bachelli, Periférica, Cáceres 2008.
G. Verga, *La vida en el campo*, traducción de R. Falcó, A. Sánchez-Gijón y R. M. Pericás, Lumen, Barcelona 2009.
G. Tomasi di Lampedusa, *Relatos*, traducción de R. Pochtar, Edhasa, Barcelona 1990.
E. Vittorini, *Las ciudades del mundo*, traducción de S. Pitol, Barral, Barcelona 1970.

Notas

1 Un giorno, mise il piede in questa terra il signor Volfango Goethe: Palermo ebbe cosi l'onore di mandare la sua immagine nell'occhio più tranquillo del secolo. Il signor Goethe venne, e *vide* Palermo. Egli conosceva benissimo ch'era un fausto evento, per le cose della terra, quello di esser vedute da lui: e siccome il dio Goethe si portava dietro il cronista Goethe, ecco il secondo narrare, anche questa

volta, e precisamente nel *Viaggio in Sicilia,* con la dovuta solennità, come e dove il primo avesse ospitato nella sua pupilla la città di Palermo.

Se non ricordo male, Goethe arrivò in Sicilia dal mare; e al tramonto, quasi per dare il cambio al sole. Non appena arrivato, andò alla Favorita e, rovesciata la testa sulla spalliera di un sedile, immaginò un bellissimo dramma. Felici tempi, quelli del signor Goethe! L'Europa, nel suo processo di «respirazione intellettuale», si trovava nel momento in cui si aspira l'aria e allarga il petto. La prima questione che interessò il signor Goethe, fu la questione della luce (*Il castello,* in *Romanzi e saggi,* p. 1317-1318).

2 Il sole sorge, fra i monti, dal mare e declina, fra i monti, nel mare. Al tramonto, i raggi del sole passano fra le montagne, colpendo Palermo nel piu irregolare dei modi. La luce salta interi quartieri, che rimangono in una penombra turchina, e accende gruppi di case nei punti più disparati. La scena è molto singolare. Si vedono cupole, terrazzi, tetti completamente privi di luce e, sotto questi, file di case basse illuminate fortemente. Raggi sottili vanno a pescare chi una finestra, chi un cane che si morde la coda, minutissimi particolari che, per essere illuminati nel mezzo di un quadro oscuro, si rendono visibili anche a grande distanza (V. Brancati, *Il castello,* cit., p. 1318).

3 Nonostante la sua intensità, o forse a causa di questa, la luce del sud rivela nella memoria una profonda natura di tenebra. Nella sua esorbitanza, varca continuamente i confini del regno opposto, e quando si dice ch'è accecante, si vuole forse alludere, senz'averne esatta coscienza, a certi guizzi di buio che vengono dal suo interno (*Paolo il caldo,* in *op. cit.,* p. 829).

4 È come se, navigando fra Scilla e Cariddi, sul solco della nave due sirene affiorassero e vi tentassero con due lusinghe contrarie: una celeste, che parla di gelsomini d'Arabia, letizie di luna, spiagge simili a guance dorate; l'altra scura, infera, con mezzogiorni ciechi a picco sulle trazzere e sangue che s'asciuga adagio ai piedi di un vecchio ulivo. (C. Bufalino, *Pro Sicilia,* in *La Luce e il lutto,* p. 13).

5 1) Tendenza a surrogare il fare col dire. Pessimismo della volontà.
2) Razionalismo sofistico. Il sofisma vissuto come passione.
3) Spirito di complicità contro il potere, lo stato, l'autorità, intesi come «straniero».
4) Orgoglio e pudore in inestricabile nodo.
5) Sensibilità patologica al giudizio del prossimo.
6) Sentimento dell'onore offeso (ma spesso solo quando il disonore sia lampante e non prima).

7) Sentimento della malattia come colpa e vergogna.
8) Sentimento del teatro, spirito mistificatorio.
9) Gusto della comunicazione avara e cifrata (fino all'omertà) in alternativa all'estremismo orale e all'iperbole dei gesti.
10) Sentimento impazzito delle proprie ragioni, della giustizia offesa.
11) Vanagloria virile, festa e tristezza negli usi del sesso.
12) Soggezione al *clan* familiare, specialmente alla madre padrona.
13) Sentimento proprietario della terra e della casa come artificiale prolungamento di sé e sussidiaria immortalità.
14) Sentimento pungente della vita e della morte, del sole e della tenebra che vi si annida... (*Quella difficile anagrafe*, en op. cit., p. 23).

6 Véase, más adelante, nota 1 del ensayo de G. Fricano (N.d.T.).

7 Ei come la scorse da lontano, in mezzo a' seminati verdi, lasciò di zappare la vigna, e andò a staccare la scure dall'olmo. *La Lupa* lo vide venire, pallido e stralunato, colla scure che luccicava al sole, e non si arretrò di un sol passo, non chinò gli occhi, seguitò ad andargli incontro, con le mani piene di manipoli di papaveri rossi, e mangiandoselo con gli occhi neri. —Ah! malanno all'anima vostra! balbettò Nanni (G. Verga, *La lupa*, in *Vita dei campi*, p. 190).

8 Il volto di Rosario si era alzato radioso dinanzi ai suoi piedi dalla roccia che scendeva tra cielo e cielo. Insieme gli si era aperta dinanzi la città di Scicli, con le corone deli santuari sulle teste dei tre valloni, con le rampe dei tetti e delle gradinate lungo i fianchi delle alture, e con un gran nero di folla che brulicava entro un polverone di sole giù nel fondo della sua piazza da cui parte e s'allarga verso occidente un ventaglio di pianura. Rosario era felice, indicandola al padre, come se avesse temuto di vederla svanire prima del suo, arrivo.[...]
«Ma che cos'è? » domandò.
« È Gerusalemme?»
Aveva negli occhi punte aguzze di sole che gli impedivano di distinguere che faccia facesse suo padre.[...]
Rosario continuava: «È la piu bella città che abbiamo mai vista. Più di Piazza Armerina. Più di Caltagirone. Più di Ragusa, e più di Nicosia, e più di Enna».
Il padre non lo negava. Egli considerava la pietra senza dir nulla, e Rosario poté soggiungere: «Forse è la più bella di tutte le città del mondo. E la gente è contenta nelle città che sono belle. Non ti ricordi che gente contenta c'era nelle belle città che abbiamo girato per la novena dell'altro Natale? E che gente contenta c'era a Caltagirone per lo scorso Carnevale? E che gente contenta c'era a Ragusa per i

Morti dell'anno prima? E che gente contenta c'era per l'ultima Pasqua che abbiamo passato a Piazza Armerina?

Il padre non negava niente di niente, era solo soprapensiero, sempre considerando la pietra ai suoi piedi e Rosario non si fermò che un attimo, poi riprese: «E si capisce che sia contenta. Ha belle strade, belle piazze in cui passeggiare, ha magnifici abbeveratoi per abbeverarvi le bestie, ha belle case per tornarvi la sera, e ha tutto il resto che ha, ed è bella gente. Tu lo dici ogni volta che entriamo a Nicosia. Ma che bella gente! E lo stesso ogni volta che entriamo a Enna. Ma che bella gente! Lo stesso ogni volta che entriamo a Ragusa. Ma che bella gente! E se incontriamo un uomo vecchio tu dici ma che bel vecchio. Se incontriamo una donna giovane tu ti volti e dici ma che bella giovane. Vorresti negarlo? dici che dev'essere per l'aria buona, ma più la città è bella e più la gente è bella come se l'aria vi fosse più buona» (*Le città del mondo*, en *Opere*, p. 375-379).

9 PANDORA [...] non allontanarti mai dal fianco di chi ti generò, non prestare orecchio a chi non conosci abbastanza, non lasciarti sedurre da lusinghe d'alcuna sorta. Quest'aria balsamica dell'isola antica, tutta splendida di azzurro e di verde, respiri sempre il tuo petto, e il tuo fiato la profumi d'ambrosia. Non tradire questa terra che oggi marezza nell'argenteo frutteto al sole di giugno che se ne innamora destando al meriggio leggeri veli d'appassionata tenerezza. Dall'Etna che tu vedi svettare bianca e sognante nel cielo, ai lembi estremi della spiaggia di Trapani, dalla Conca d'oro, coronata d'aranci, ai giardini e alle vigne di Gela e di Agrigento, l'isola gronderebbe di lacrime senza di te. (P. M. Rosso di. San Secondo, *Il ratto di Proserpina*, p. 27).

PROSERPINA [...] Se resto qui, che cosa posso fare? Al massimo dare il becchime alle galline e condurre al pascolo le caprette... E pure quest'America è una specie d'inferno con i suoi macchinari, i suoi grattacieli, il suo turbinio di danaro... Ho paura di non essere abbastanza moderna (*Ibidem*, p. 73).

10 Anzitutto la nostra casa. La amavo con abbandono assoluto. E la amo ancora adesso quando essa da dodici anni non è più che un ricordo [...]. Sarà quindi molto doloroso per me rievocare la Scomparsa amata come essa fu sino al 1929, nella sua integrità e nella sua bellezza, come essa continuò dopo tutto ad essere sino al 5 Aprile 1943 (*Ricordi d'infanzia*, en *Opere*, p. 437-438).

11 In nessun punto della terra, ne sono sicuro, il cielo si è mai steso più violentemente azzurro di come facesse al di sopra della nostra terrazza rinchiusa, mai il sole ha gettato luci piu miti di quelle che pentravano attraverso le imposte

socchiuse nel «salone verde», mai macchie di umidità sui muri esterni di cortile hanno presentato forme piu eccitatrici di fantasia di quelle di casa mia (*Ibidem*, p. 438).

12 È bello in questa stagione – e in ogni stagione – salire verso il tramonto a Nicolosi, sulle falde dell'Etna. Le case sono nere, le porte verdi di legno hanno preso una patina di bronzo millenario. Pindarico, l'Etna, mammella di fuoco che alimenta e consuma, torreggia, nella sua forma pura cinta ancora di supreme nevi, come da un continente tutto suo, sull'isola grande ma che al suo fuoco non basta. I Monti Rossi, crateri più recenti, vicini a noi, hanno forma di boati. Il giallo delle ginestre, tutt'intorno, e falò. Barbacani e torrette, con nomi militari, si chiamano le opere a cumuli e muri contro la terra franante. Essa, di lava e lapillo, è cupa come antracite; ma dai carboni spenti il verde delle viti insorge, vampando con mani di fuoco negli ultimi pampini. Qui l'ebrezza dionisiaca, il dono del vino, è clemenza, perdono della natura, che uccide e risuscita; il vino, impregnato di aride essenze, fiammeo o sanguigno, pare sprizzare dai tralci; non berne, non libarne, qui sarebbe come rifiutare il pane e il sale, qui parrebbe irreligioso anche all'astemio (G. A. Borgese, *Il touring nell'isola*, p. 120).

13 Da torri e balconi protesi / incontro alle brezze vedemmo / l'ultimo sguardo del sole / farsi cristallo marino / d'abissi... poi venne la notte / sfiorarono immense ali / di farfalle: senso dell'ombra. / Ma il raggio che sembrò perduto / nel turbinio della terra / accese di verde il profondo / di noi dove canta perenne / una favola, fu voce / che sentimmo nei giorni, fiorì / di selve tremanti il mattino (*Il raggio verde*).

I. *Nostos* como *nekya*: celebración del «escila y caribdis» en *Horcynus Orca* de D'Arrigo
Giada Fricano

Es el cuatro de octubre de mil novecientos cuarenta y tres cuando 'Ndria, desertor huido de Nápoles, tras haber atravesado a pie, durante días y días, la costa de Calabria, llega finalmente «al Pueblo de las Féminas, sobre los mares del escila y caribdis» (*Horcynus Orca*, p. 3).

En el Estrecho de Messina, llamado familiarmente, según una costumbre local, «escila y caribdis» (scilla e cariddi), el protagonista busca un medio para poder llegar a casa, a Caribdis, en Sicilia.

A través de la mirada conmovida y partícipe de 'Ndria, D'Arrigo acompaña a los lectores a su Sicilia, una tierra iluminada por un sol que es «un bastardo camorrista, un tremendo pirata africano, completamente enfadado...» (*Ibidem*, p. 422), en donde sopla perennemente el siroco: «un fuerte viento de

África del que uno no se puede fiar en absoluto porque el nombre es uno y las razas muchas» (*Ibidem*, p. 456). Una región pues en la que la naturaleza, personificada, contribuye a determinar la vida de los hombres, obstaculizando o favoreciendo sus acciones y sus decisiones.

El lector que quiere viajar, física o mentalmente, y que ha decidido visitar Sicilia siguiendo a 'Ndria en su vuelta a casa, se dará cuenta de que divisar la isla desde el exterior es ya una experiencia excepcional y encontrará en el personaje de D'Arrigo un valioso y raro guía: «Ndria, en efecto, es un pieldelija (alguien que no ha elegido la vida o el oficio de pescador, sino que está destinado a serlo, y que tiene la piel, y «más que la piel, el carácter» (*Ibidem*, p. 254) dura como la del tiburón), y como tal conoce estos lugares en sus más mínimos detalles.[1] Ahora, sin embargo, él vuelve a ver el «escila y caribdis» después de una ausencia de tres años y lo observa desde una perspectiva insólita, desde el exterior, desde la tierra firme.

> Mientras caminaba hacia la cima del promontorio feminoto, el cielo que aparecía ante él sobre el Estrecho pasaba de un *ardiente empurpurado* a una neblina de matices alquitranados. Cuando se asomó al mar, y aún se veía claramente por los destellos *madreperlaceos* del aire, la noche sin luna cayó de golpe, con ese repentino y atemporalado pasaje de la luz a la oscuridad con el que caen, incluso en el más claro de los veranos, las noches de luna nueva. Nubarrones oscuros, como si rodaran desde la cima del Aspromonte y el Antinnammare, habían sumergido nivelando, en un solo y negro revoltijo,

la garganta abierta entre las dos orillas [cursiva mía] (*Ibidem*).²

D'Arrigo, que también es pintor, hace que la extremada familiaridad y afinidad del protagonista con su tierra natal, lo lleve a percibir, mediante asociaciones, todos los colores y los matices tonales del mar y del cielo, casi como los de la isla.

El espectáculo que se presenta ante 'Ndria y ante cualquiera que, como él, se detenga en el «escila y caribdis», en «esa rareza de doble mar, quizá único en el mundo, mar que se hace río entre isla y continente, como entre dos orillas» (*Ibidem*, p. 153) es, en su policromía, majestuoso:

> Algo, en Sicilia, que debido al colorido violáceo que se refleja en el agua, parecía un gran macizo de buganvillas colgado en la línea entre los dos mares, brilló un instante en medio de los nubarrones; luego aquella luz cesó y le siguió un resplandor breve breve y blanco de piedra, y entonces, en el mismo momento en que desaparecía en la negrura, reconoció el espolón coralino que, desde su marina, casi en el centro, como para dividirlos, ponía su proa entre el Tirreno y el Jónico [cursiva mía] (*Ibidem*).³

El espolón coralino emerge del «celaje» como una divinidad, se manifiesta para inducir al protagonista a volver a casa. 'Ndria ve la escollera, inalterada, mientras pone rumbo a ella desde «su marina»: el adjetivo posesivo, se refiere a todos los pieldelijas caridotas y subraya cómo, para el protagonista, el principio de identidad está determinado por su pertenencia a la comunidad; como consecuencia de ello, la mirada de 'Ndria coincide casi siempre con el punto de vista de toda una colectividad.

La Sicilia de *Horcynus Orca* es un lugar real, pero también es mental y mítico, y este triple estatuto suyo constituye esa rareza, ese carácter excepcional que el escritor de Messina no deja de subrayar a través de las descripciones de los ambientes.

El *nostos* de 'Ndria es un viaje físico, iniciado en Praia a Mare, en la alta Calabria, que va dibujando una topografía precisa: siguiendo la costa el soldado llegará al Golfo de Sant'Eufemia, luego a Vibo, a Tropea, a Nicotera y, finalmente, al «mar que todo pieldelija del «escila y caribdis» llama Golfo dell'Aria y los demás conocen como el Golfo de Gioia Tauro» (*Ibidem*, p. 75) hasta alcanzar Bagnara Calabra. A la altura del Golfo dell'Aria, 'Ndria se encuentra en «su mar» (*Ibidem*, p. 82), en los lugares donde ha vivido, y D'Arrigo comienza a alternar la toponomástica 'oficial' con otra 'privada' y local que, valiéndose del *nomina loquentes*, alude a un profundo conocimiento del territorio y de sus características. Así el Golfo se conoce como Golfo dell'Aria por vía de las corrientes, Punta del Faro se convierte en Caribdis, porque se encuentra «vis a vis con Sicilia» (*Ibidem*, p. 4) del mismo modo que Bagnara es llamada País de las Mujeres porque está habitada por una virago con aspecto de sirena.

Pero el *nostos* es también un viaje a la memoria: el balance del itinerario realizado está entretejido de sueños y de *flashbacks* de 'Ndria, que recorre mentalmente episodios de su infancia en Caribdis o de su más reciente experiencia bélica.

Sobre todo en la primera parte de la novela, la que narra las aventuras del joven cariota antes de la travesía, todo cuanto se refiere a Sicilia está alejado en el tiempo y en el espacio: los recuerdos de 'Ndria hacen aflorar de nuevo una imagen ancestral de Sicilia y, en especial, de Caribdis. Estas imágenes de la memoria no hacen sino alimentar la esperanza tenaz del protagonista de encontrar su tierra intacta; y la continua confrontación entre un pasado edénico, primitivo, en Sicilia, y el presente funesto y cargado de muerte, en toda Italia, le confiere a la narración una estructura de tipo dicotómico (dentro de la isla/fuera de la isla) que responde también a las categorías de conocido y desconocido.

Cuanto más se acerca 'Ndria a la meta de su viaje, a «Caribdis, una cuarentena de casas que asumen la forma de una cabeza de tenazas» (*Ibidem*, p. 4), más caracteriza D'Arrigo sus lugares de nacimiento con esa cualidad específica que Natale Tedesco llama «mediterránea», una cualidad que «se presenta, al menos en el ámbito literario, como un modo de privilegiar lo cotidiano y lo familiar, en un espacio abierto y natural, y que se constituye, [...] en codificaciones que en un último análisis ejemplifican una literatura del comportamiento» (N. Tedesco, *Il capitolo quinto*, p. 82).

Lo cotidiano en *Horcynus Orca* es, sin embargo, un cotidiano lejano, alterado por la muerte, por la guerra, que se ha vuelto irreconocible por la destrucción material de los espacios y por la degeneración de los usos y las costumbres. Y será precisamente esta realidad la que pronto va a conocer perfectamente 'Ndria. Una vez llegado a «escila y caribdis», después de la primera visión, estática, de la puesta de sol, el pieldelija se adentra en el País de las Mujeres, un lugar nunca visitado antes, y sin embargo familiar, porque está situado justamente frente a Caribdis:

En el pueblo de las Féminas circulaba una especie de pestilencia. En el espacio oscuro entre las casas, como en un angosto laberinto, espeso y desvaído, se respiraba en efecto aquel aire de sudores fríos y calientes de los pueblos coronados por haber sido contagiados: el humo de los hervideros donde se disuelve la cal, el humillo de las hileras de azufre, las llamaradas de los montones de objetos infestados, y el siroco de levante [...].

Apenas había llegado a la explanada rocosa, cuando el hedor le llenó las narices; le saltó a la cara y casi inmediatamente le invadió la respiración por completo de modo que pensó que lo había pisado, como si se tratara de aquellas bocanadas sulfúreas que se desprendían de abajo y que apestaban a huevos podridos.

[...] el pueblo feminoto daba la impresión, más que nada, de ser un conjunto de grutas, con las casas encaladas, de muchas y variadas formas, desordenadas, como si en lugar de ser casas de cal y mortero, de piedras, ladrillos y arena, fueran obra de la naturaleza, arrojadas fuera de la roca, faldas y tapaderas de cavernas y subterráneos (*Horcynus Orca*).[4]

Así pues, 'Ndria se encuentra en la oscuridad y se adentra en el laberinto calcáreo, guiado solamente por humos pestilentes que se vuelven más intensos cuanto más se acerca a las casas. La atención que D'Arrigo presta al elemento olfativo hace más realista, y al mismo tiempo expresionista, la descripción del pueblo. Precisamente por esto las notas olfativas, con una especial insistencia en los términos pertenecientes a los campos semánticos de lo marchito y lo sulfúreo, volverán cada vez que el protagonista se encuentre ante lugares deformados por la guerra.

Esta apremiante realidad se encuentra también en la atmósfera alucinada de sus auténticos sueños:

> Debía encontrarse en Stromboli, porque le llegaban a la cara azotes de aire de lava, eructados por el fuego volcánico [...]
> La lluvia volcánica había ennegrecido las marinas; la ceniza aún humeaba sobre el agua y se elevaba por el aire en fumarolas. Isla y mar mandaban de manera intermitente un olor a forja donde había planchas de hierro candentes, y olor de agua donde aquellas planchas candentes habían sido arrojadas para que se enfriaran entre crepitantes humaredas. A este punto el aire sólo tenía un sabor acídulo y dulzón, el sabor de algo volcánico que se desfogaba, esparciendo alrededor un aroma de fría náusea (*Ibidem*).[5]

Todavía en el sueño, 'Ndria, nadando entre las «aguas incineradas» (*Ibidem*, p. 141) llega a Vulcano, la isla sobre la que se cierne «la inmensa boca del cráter apagado», el «cono temible que dominaba el paisaje apocalíptico (*Ibidem*, p. 141):

> Con burbujas hirvientes pululando en el mar; con rocas y escolleras, todas ellas piedras de azufre, de un crudo amarillento, deslumbrante, que hace que las paredes reboten el sol alrededor, como espejos colosales, hacia el mar y contra la negra montaña cónica; y con la orilla, finalmente, peligrosa y no menos impracticable que el mar, agujereada de depósitos sulfúreos y fumigante de vapores irrespirables (*Ibidem*).[6]

El azufre, la lava, los escenarios apocalípticos, la naturaleza, que devasta para luego volver a modelar los espacios según su capricho, aunque también la oscuridad y la pérdida de la orientación, nos remiten al elemento, subterráneo, típico de los misterios de la mitología clásica. El componente dionisíaco, la sombra funérea que aflora continuamente, se impone en el presente de 'Ndria y viene, de este modo, a hacer de contrapeso de otro elemento, también presente en la novela, como es el 'apolíneo', el solar, típico de las visiones nemónicas («Era verano [...] y era el momento más alto del sol, las dos o las tres [...], *Ibidem*, p. 72).

Esta doble alma de Sicilia, «la luz y el luto» de bufaliniana memoria, está admirablemente representada en la figura de la Orca, «un gigantesco, misterioso e inimaginable animal» (*Ibidem*, p. 619):

> Un cuerpo colosal, de quince metros y varias toneladas de peso, de piel grasa, humeante como la lava al enfriarse [...] de una tenebrosidad tremenda, terrorífica... (*Ibidem*).[7]

La tristemente célebre sembradora de muerte emergerá de forma imprevista por los abismos marinos, pero no para traer destrucción sino como cordero sacrificial, para llevar la salvación a los caridotas.

El rostro bifronte y cambiante de Sicilia se puede advertir ya desde el primer elemento que el lector viajero conoce a través de la novela: el mar, mejor dicho, el «dosmares», es decir las aguas en las que el Tirreno y el Jonio se encuentran. En efecto, si el leviatán, 'desnaturalizándose', abandona su *facies* mortífera para hacerse «arcano de vida» (*Ibidem*, p. 663), justamente al contrario, ese trozo de mar que al comienzo de *Horcynus Orca* atrae con su solaridad, con sus centelleos brillantes y variados, se mostrará en todo su ser proteiforme, desvelando repentinamente las facciones del Aqueronte.

Habiendo logrado encontrar por fin el modo de atravesar, 'Ndria, mientras se encuentra en la barca que lo lleva de nuevo a casa, se da cuenta de que «con las primeras algas fosforescentes que vagan por las aguas altas, una claridad fantasmal se difundía aquí y allá azulona y violácea» (*Ibidem*, p. 283).

Las aguas del «escila y caribdis» se revelan turbias, lívidas por la presencia de cadáveres de soldados «que están allí empantanados» (*Ibidem*, p. 295), que al no haber recibido sepultura permanecen allí, como «ánimas errantes» (*Ibidem*, p. 295). Y sin embargo, la visión del «dos mares» asolado por tal infestación, presagio de acontecimientos funestos, no logra turbar a 'Ndria durante mucho tiempo. El protagonista, en efecto, que, inmerso en la oscuridad de la noche, había perdido la orientación durante la navegación, reconoció de pronto los fulgores emanados por el espolón coralino. Y es esta nueva manifestación la que ayuda al muchacho a reconstruir mentalmente la ruta de la navegación: 'Ndria se orienta precisamente porque une los datos reales a los datos de su memoria. Mientras ante su vista aparece solamente el espolón, es la memoria la que sugiere, evocando su imagen, la cercanía de las «tres palmeras» de la marina caridota:

> Ahora debía[n] estar a la altura de las tres palmeras: [...] pensaba en las palmeras, se veía a lo lejos mirando hacia abajo, tan altas sobre él, un mocoso, las recordaba agitándose en medio del viento grecal como grandes abanicos amarillos y verdes, con algo de *maternal* y de *protector* en sus anchas hojas [cursiva mía] (*Ibidem*).[8]

'Ndria no se pregunta si las palmeras existen aún o si han sido abatidas por alguna bomba, sino que se limita a recordarlas cómo éstas se le aparecían cuando era niño. Los dos adjetivos, 'materno' y 'protector' subrayan el tipo de relación que existe entre 'Ndria y sus lugares natales, una relación marcada por el conocimiento íntimo y por un sentimiento de seguridad ante las amenazas exteriores.

Cuando llega a Caribdis, el protagonista decide recorrer el pueblo para reconocer sus rasgos:

> Caminó en torno al pueblo con forma de cabeza de tenazas; lo remontó por el lado de la playa, caminando entre las cañas de azúcar, al ras de las casas y fue luego al lado norte, bordeado por el cañaveral [...] [cursiva mía] (*Ibidem*).[9]

D'Arrigo, al seguir los pasos de su personaje, retrata a Caribdis de lejos, a grandes pinceladas; del pueblo se subraya sólo la posición y la forma, «de cabeza de tenazas», que nos remite a las construcciones fortificadas de otro tiempo. El lector, para imaginar el burgo, debe incorporar los datos proporcionados por la fantasía del escritor: el pueblo está formado por una cuarentena de casas dispuestas en dos o más rectas perpendiculares y presenta una bifurcación natural en la escollera, en forma de espolón. Ésta, inaccesible para quien llega por mar, es la única parte del pueblo que sobresale, fortificada, hacia el exterior. D'Arrigo insiste mucho en este detalle porque, gracias a su forma y a su condición aislada, Caribdis se ha podido constituir en una especie de microcosmos social caracterizado por un peculiar código ético y de comportamiento.

antes de los tumultos bélicos, Todos los demás elementos que caracterizan al pueblo, como el cañaveral y la caña de azúcar, solamente se nombran, carentes de una adjetivación que, como en el caso de las tres palmeras, los pueda calificar o determinar más atentamente su valor.

Los lugares íntimos de 'Ndria son representados siempre con modalidades semejantes a ésta: D'Arrigo tiende a iluminar sólo algunos detalles de un ambiente, de un espacio, dejando en la sombra muchos otros. La atmósfera resultante queda, pues, indefinida, suspendida. El escritor de Messina quiere crear una dimensión liminar entre el sueño y la realidad para hacer percibir mejor al lector cómo los lugares descritos, antaño paradisíacos, no existen ya.

Y viceversa, queriendo denunciar un presente descarrilado y desnaturalizado, D'Arrigo representa los lugares destrozados por la guerra de manera concreta y detallada.

Pocos días después de su regreso a Caribdis, 'Ndria es enviado como portavoz de los pieldelija a «dar un paseo por la riviera, pueblo tras pueblo: Ganzirri, Sant'Agata, Principe, Fiumaraguardia, Grotte y Ringo, y así sucesivamente, es decir, así hasta Messina» (*Ibidem*, p. 703) para llevar noticias del «gran mundo» (*Ibidem*, p. 704).

El viaje de 'Ndria se anuncia como una *nekya*, un descenso a los infiernos, siguiendo lo ya presagiado durante la travesía.

En cuanto salió de los 'confines' caridotas, el pieldelija, junto a su amigo Masino, se da cuenta de que la guerra ha perdonado a su pueblo (en Caribdis los efectos de la guerra serán de naturaleza moral, comportando una degeneración de las costumbres atávicas), pero no sucedió lo mismo en los territorios limítrofes.

> Mirando alrededor entre la arena, donde despuntaban unos pedazos sobre otros de chatarra del armamento de la guerra y era, en ocasiones, como si en vez de ir sepultándose, cascos cartucheras gibernas bandoleras bayonetas culata de mosquetón gábatas y trípodes de ametralladoras, por decir algo, precisamente como si, sepultados en la arena meses antes, despuntasen hacia fuera poco a poco de debajo de la arena, quedando siempre de nuevo a la vista. (*Ibidem*).[10]

Al contrario de lo que sucede en la descripción de Caribdis, aquí el simple listado de las armas, en virtud de su variedad y del uso de un léxico especializado, sirve a D'Arrigo para dar concreción al escenario en el que se mueve su personaje.

Las armas –que vuelven a surgir de la arena contaminando su pureza– sustituyen, con un intencionado efecto de alejamiento, a la naturaleza que se manifiesta. 'Ndria se encuentra ahora en lugares donde la armonía entre hombre y naturaleza parece haberse quebrado. La naturaleza, que aparecía en toda su majestad, a menudo desvelando también su violencia (el sol que quema, las tormentas, el maremoto, las erupciones vulcánicas…), ahora aparece siempre retratada junto a las ruinas bélicas, casi indiferente a la suerte de los hombres:

> El sol ya había despuntado cuando llegaron a Ganzirri y arrojaba rojos destellos sobre las aguas llenas de hierba del pantano.
>
> Pasaron por Principe y en el puesto de Fiumaraguardia se encontraron con que el balasto se había hundido bajo una gran bomba y ahora el mar se llenaba de espuma entre los escombros de la calle. Las casas que hay frente al mar, dos de cada tres, se habían derrumbado o estaban resquebrajadas, y en las fachadas había señales de ráfagas de ametralladoras: cada dos o tres puertas se veían cintas de luto; muchas puertas no tenían ya paredes en torno a ellas, y algunas estaban atrancadas y clavadas con traviesas (*Ibidem*).[11]

La desolación de estos lugares, en los que se comienza a respirar la atmósfera visionaria y fantasmagórica de la ciudad, crece a medida que el pieldelija se acerca a Messina y es descrita de forma cada vez más meticulosa. Cuando 'Ndria y Masino llegan al Ringo, «un trozo de la riviera donde no había casas de pescadores sino una fila de chalecitos, todos del mismo tipo» (*Ibidem*, p. 720), se dan cuenta de que

> En su mayor parte, las cancelas estaban abiertas de par en par, la gravilla estaba revuelta por un rastro de neumáticos de camión. De flores y de plantas ya ni siquiera la sombra, dado que los jardines desaparecían bajo una gran cantidad de barriles de nafta, bidones de gasolina, botes, latas y cajas. Delante de las villas, al otro lado de la carretera, por encima del mar, asomaban chumberas polvorientas y macizos rojos y violáceos de *buganvillas* [cursiva mía] (*Ibidem*).[12]

El joven caridota anota en su mente todo lo que ve, sin olvidar ningún detalle, para luego hacerle un exhaustivo informe a la comunidad. La mirada que se detiene en los desastres de la Historia es distinta de la de la memoria, en la que unos pocos detalles bastaban para evocar ambientaciones míticas, rodeándolas de indefinición, o aludiendo a más de una simbología recóndita por medio de símiles. Los objetos, ahora, son vistos de uno en uno, identificados y luego nombrados. Es como si el lector se encontrase frente a una fotografía en la que cada cosa, captada en su realidad más esencial, está condenada a quedar intacta, tal y como se encontraba cuando se hizo la foto.

En medio del gris de las latas, asoma, sin embargo, el verde de las chumberas y, sobre todo, el rojo y el violeta del «macizo de buganvilla» que, recordando la impresión que Sicilia le había causado a 'Ndria apenas llegado al Estrecho, parece reconfortarlo durante un instante.

Si la presencia de frutas y flores típicas de la isla, en su variedad cromática, en su pertinaz supervivencia, es aún consoladora, no sucederá lo mismo en Messina, donde los únicos indicios de la naturaleza del lugar, las naranjas, no harán más que subrayar con mayor violencia el alucinado paisaje.

'Ndria y Masino llegan a la ciudad de noche:

> La ciudad era como un gran cementerio bajo la luna. La avenida principal, que se llamaba Viale Garibaldi y que en otro tiempo era grande y espaciosa, ahora, por los dos lados, estaba completamente llena de montones de escombros y en medio presentaba un paisaje que parecía el lecho seco de un río. El siroco, por debajo de las ruinas, liberaba vaharadas de pestilencia junto a una mezcla vomitiva: pestilencias como de cosas fermentadas y de cuerpos, humanos y de animales, en putrefacción. Pasaron el resto de la noche en la Casa Littoria, que aunque se llamaba Casa, no era una casa en la que habitaran cristianos, cristianos vivos; era de forma rectangular, completamente descuadrada, incluso las columnas, y era blanca, blanca de un blanco tiza, de falso mármol, como una capilla funeraria. A lo largo y a lo ancho había sido desventrada por las bombas: oscura y fría, apestaba, como toda la ciudad, a cáscaras de naranjas fermentadas, a mierda y orina de hombres y de animales (*Ibidem*).[13]

La luna derrama sobre la ciudad una luz espectral que desvela ante la mirada de 'Ndria un espectáculo desconcertante y visionario. El escritor, para aumentar la impresión nauseabunda que ofrece semejante imagen, subraya la promiscuidad de los cadáveres de hombres y animales y el sentido de putrefacción que se advierte no sólo por los humores pestilentes que exhala el asfalto, sino, de manera especial, por las naranjas fermentadas.

Pero el viajero no se debe dejar abatir por tales imágenes: el aspecto catastrófico de Messina, en efecto, es sólo aparentemente irreversible.

Sicilia es una tierra mágica, capaz de renacer, como el árabe fénix, más esplendorosa aún, de sus propias cenizas. Los lugares de D'Arrigo poseen un alma proteiforme capaz de metamorfosearse para resistir a la Historia, y asumiendo múltiples rostros, saben halagar y hechizar a los turistas del mismo modo que a los isleños.

El escritor de Messina, a partir del *Codice Siciliano* –definido justamente por Pontiggia como «arquetipo e incunable de *Horcynus Orca*»– describe su isla, griega, árabe y sueva, sirviéndose, tanto en la narración como en la poesía, de una estructura dicotómica que opone interior y exterior, pero sobre todo naturaleza y civilización. D'Arrigo se vale de dicho procedimiento de contraste para hacer resaltar el elemento natural que rodea y supera la obra del hombre, pero sobre todo para celebrar a Sicilia como un paraíso terrestre. Precisamente por esto, junto a la destrucción de la guerra se retrata siempre una naturaleza intacta o capaz de regenerarse: 'Ndria y Masino, vagabundeando por Messina, llegan al mar de San Ranieri, «una tajada o un espejo de mar, protegido de los vientos y de las corrientes» (*Ibidem*, p. 1072), llamado, por la gente del lugar, el «Mare Secco».

El puertecito, como un oasis de salvación a pesar de confinar con la «ciudad de escombros», se encuentra tan protegido y tan reparado de las invasiones externas que da «incluso la impresión de estar lejos, lejísimos no sólo de la guerra, sino también de la idea de la guerra» (*Ibidem*, p. 1073).

'Ndria, dirigiéndose al muelle de San Ranieri, olvidado por fin de todo, percibe solamente el «hermosísimo tiempo»:

> El cielo era de un *celeste suave suave,* y aquel viento *grecarello* que por sí solo, sin ningún otro viento, se oía soplar por el «escila y caribdis», movía el aire del mar a la tierra y despertaba los deseos [cursiva mía] (*Ibidem*).[14]

El pieldelija escruta el horizonte con la mirada de un enamorado que por fin, después de mucho tiempo, reconoce el objeto de su amor: el azul del cielo se vuelve sinestésicamente tierno al tacto, capaz de prodigar dulzura; y el fuerte viento del norte es llamado, con un afectuoso viento *grecarello*. D'Arrigo, al final de *Horcynus Orca*, como para cerrar un círculo, recupera la dimensión isleña más auténtica, aquella que, antes de ahora, había sido recordada solamente por 'Ndria, y en la cual la naturaleza y el hombre viven en simbiosis. Y lo hace celebrando la pureza del mar, de aquel mar homérico que separa a Sicilia, vista como el elíseo, del resto del mundo.

Textos de referencia

S. D'Arrigo, *Codice Siciliano*, Mondadori, Milano 1978.
S. D'Arrigo, *Horcynus Orca*, Rizzoli, Milano 2003.
S. D'Arrigo, *I fatti della fera*, Bur, Milano 2004.
E. Gatta (a cargo de), *Il mare di sangue pestato*. Studi su Stefano D'Arrigo, Rubbettino, Catanzaro 2002.
F. Gioviale, *Il crepuscolo degli uomini*, Lombardi Editore, Siracusa 2004.
S. Lanuzza, *Scill'e Cariddi. Luoghi di «Horcynus Orca»*, en «Lunarionuovo», Acireale 1985.
N. Tedesco, *Il capitolo quinto*, en C. Musumarra (a cargo de), *I Malavoglia di Giovanni Verga (1881- 1961), letture critiche*, Palumbo, Palermo 1982.

Notas

1 Pieldelija es la traducción que se ha elegido aquí por *pellesquadra*, el epíteto que tienen en la novela los pescadores de Caribdis por su piel áspera, endurecida por el sol y la sal, como la del tiburón, en italiano *squalo*, o *squadro*, nombre que tiene origen del verbo *squadrare*, lijar la madera áspera (N.d.T.).

2 Intanto che camminava verso la punta del promontorio femminoto, il cielo davanti a lui sullo Stretto passava dall' *ardente imporporato* a una caligine di guizzi catramosi. Quando s'affacciò sul mare, e ancora si vedeva chiaro per dei barbagli *madreperlacei* dell'aria, la notte senza luna sopraggiunse di colpo, con quel repentino e temporalesco passare dalla luce all'oscurità con cui cadono, anche nella più chiara estate, le notti di luna mancante. Nuvolaglie fumose, come rotolassero giù dalle cime dell'Aspromonte e dell'Antinnammare, avevano sommerso e livellato, in un solo e nero miscuglio, il varco aperto fra le due sponde [cursiva mía] (*Ibidem*, p. 3).

3 Qualcosa, in Sicilia, che per la *coloritura violacea* riflessa dall'acqua, sembrava una grande *troffa di buganvillea* pendente sulla linea dei due mari, brillò per un attimo dal mezzo della nuvolaglia, poi il brillio cessò e lo seguì un risplendere breve breve e bianco di pietra, e allora, nel momento in cui spariva nella fumèa, riconobbe lo sperone corallino che dalla loro marina s'appruava, quasi al mezzo, come per spartirli, fra Tirreno e Jonio [cursiva mía] (*Ibidem*, p. 3-4).

4 Nel paese delle Femmine correva una qualche specie di pestilenza. Nello spazio buio fra le case, come in uno stretto labirinto, pregno e affumicato, si respirava

infatti quell'aria di sudori freddi e caldi dei paesi incoronati perché colpiti dal contagio: i fumenti delle bolliture dove scioglie la calce, il fumichio delle reste di zolfo, le fiammate delle cataste di roba infetta, e lo scirocco di levante [...].

Aveva appena messo piede sulla spianata rocciosa, che il fetore gli riempì le narici: gli saltò in faccia e gli occupò il respiro talmente istantaneo, che pensò di esserci andato sopra col piede, come si trattasse di quei soffioni sulfurei che si sprigionano dal basso e che puzzano di uova marce.

[...] il paese femminoto dava l'impressione di essere, più che altro, un aggrottamento, con le case alla calcarara, di tante e varie forme, alla sinfasò, come se invece di case di calce e di malta, di massi, mattoni e sabbia, fossero opere di natura, gettate fuori dalla roccia, falde e coperchi di caverne e cunicoli (*Horcynus Orca*, p. 119-120).

5 Doveva trovarsi allo Stromboli, perché gli arrivavano sulla faccia delle ventate d'aria di lava, eruttate dal fuoco vulcanico [...]

La pioggia vulcanica aveva annerito le marine, la cenere fumava ancora sull'acqua e s'alzava in fumichii nell'aria. Isola e mare mandavano a intermittenza un odore di forgia dove erano state arroventate delle lastre di ferro, e odore d'acqua dove quelle lastre infuocate erano state gettate a freddarsi fra crepitanti furnate. L'aria sapeva ormai solo di acidulo e di dolciastro, di cosa vulcanica che si sfogava, spargendo tutt'intorno un sentore di fredda nausea (*Ibidem*, p. 138-9).

6 Col mare pullulante di soffioni bollenti; con rocce e scogliere, tutte pietre di zolfo, d'un giallore crudo, abbagliante, che dalle pareti rimanda, come da colossali specchi, il sole tutt'intorno, verso il mare e contro la nera montagna conica; e con la riva, infine, pericolosa e impraticabile non meno del mare, traforata di focolai sulfurei e fumigante di vapori irrespirabili *(Ibidem,* p. 141).

7 Un corpo colossale, lungo una quindicina di metri e pesante svariate tonnellate, di pelle grassa, fumante come lava che raffredda [...] di una tenebrosità tremenda, terrorizzante... *(Ibidem,* p. 620).

8 Ora doveva[no] essere all'altezza delle tre palme: [...] pensava alle palme, si rivedeva lontano a guardarle di sotto, alte sopra lui muccuso, le ricordava sventolanti nel grecale come grandi ventagli gialli e verdi, con qualcosa di *materno e protettivo* nelle larghe foglie [cursiva mía] *(Ibidem,* p. 325).

9 Girò attorno al villaggio a *testaditenaglia:* lo risalì per il lato della plaia, camminando nella cannamele, rasente alle case, andò poi per il lato nord, costeggiato dal canneto [...] [cursiva mia] *(Ibidem,* p. 344).

10 Guardando intorno fra la rena, dove spuntavano pezzi su pezzi di rottami dell'armamentario della guerra ed era, a volte, come se invece di andare seppellendosi, elmetti cartucciere giberne bandoliere baionette calci di moschetti gavette e treppiedi di mitragliatrici, tanto per dire del più, proprio come se insabbiati mesi prima magari, rispuntassero fuori viavia da sotto la rena, riscoprendosi sempre alla vista (*Ibidem*, p. 715).

11 Il sole era già spuntato, quando arrivarono a Ganzirri e gettava rossi barbagli sulle acque erbose del pantano.
Passarono per Principe e al caricascarica di Fiumaraguardia trovarono che la massicciata era sprofondata sotto una grossa bomba e ora, il mare schiumava fra le macerie della strada. Le case di fronte al mare, due su tre, erano, o crollate o lesionate, e sulle facciate c'erano segni di raffiche di mitragliere: ogni due o tre porte, si vedevano strisce di lutto, molte porte non avevano più mura intorno, e alcune erano sbarrate e inchiodate con traversine (*Ibidem,* p. 716).

12 Per la maggior parte, i cancelli erano spalancati, la ghiaia era rivoltata da strisciate di gomme di camion: di fiori e di piante più nemmeno l'ombra, dato che i giardini scomparivano sotto un grande ingombro di fusti di nafta, bidoni di benzina, boatte, lattine e scatolame. Davanti alle ville, dall'altra parte della strada, sopra il mare, spuntavano *pale polverose di fichidindia* e *troffe rosse e violacee di buganvillea* [cursiva mía] (*Ibidem*, p. 720).

13 La città era come un grande cimitero sotto la luna. Il viale principale, che si chiamava Viale Garibaldi e che una volta era grande e spazioso, ora, ai due lati, era tutto ingombro di mucchi di macerie e nel mezzo aveva un passaggio che pareva il letto secco di un fiume: lo scirocco, da sotto le rovine, faceva sprigionare zaffate di fetori mischiati insieme in un miscuglio vomitevole: fetori come di cose fermentate e di corpi, umani o d'animali, in putrefazione. Passarono il resto della notte alla Casa Littoria, che anche se si chiamava Casa, non era una casa dove abitavano cristiani, cristiani vivi: era di forma rettangolare, tutta squadrata, anche le colonne, ed era bianca, bianca d'un bianco gessoso finto marmorino, come una cappella funeraria. Era, per lungo e per largo, sventrata dalle bombe: scura, fredda, puzzava, come tutta la città, di scorze d'arance fermentate, di merda e piscio di uomini e animali (*Ibidem*, p. 1052).

14 Il cielo era d'un *azzurro tenero tenero, e* quel *grecarello* che da solo, senza alcun altro vento, si sentiva spirare per lo scill'e cariddi, muoveva l'aria da mare a terra, e faceva venire proprio la voglia [cursiva mía] (*Ibidem*, p. 1073).

II. La Sicilia en blanco y negro de Giovanni Verga
Lavinia Spalanca

El mar estaba terso y brillante, los pescadores dispersos por la orilla y, agrupados a las puertas de sus casuchas, charlaban acerca de la pesca del atún y de la saladura de las anchoas; a lo lejos, perdido entre la bruma extendida, se oía a intervalos un canto monótono y oriental, las olas morían como un suspiro a los pies de la alta muralla, la espuma se hacía blanca un instante y el áspero olor marino subía a ráfagas, y también como por oleadas. La baronesa estuvo contemplando distraídamente todo aquello, y se sorprendió ella misma de estar situada tan alta en la habitación dorada de aquella morada señorial, escuchando con singular interés los discursos de aquella gente colocada tan bajo al pie de sus torres (*Le storie del castello di Trezza*).[1]

Desde lo alto de una torre antigua, una mujer contempla con ojos desapasionados el trajín de algunos pescadores a los pies del castillo. Sobre un juego de contrastes, alto-bajo, blanco-negro, se orquesta la representación del paisaje, donde el mar es blanco de espuma mientras el vano de las puertas de las casuchas es negro, y desde lo alto de la habitación dorada la baronesa observa las charlas de los pescadores que están abajo. La fortaleza normanda de Acicastello, con su elevada perspectiva, con su mole gigantesca que se recorta en la escollera de Acitrezza, es la protagonista del relato vergiano *Le storie del castello di Trezza*, publicada en la «Ilustrazione Universale», en 1875. Casi como una implícita declaración de poética, la descripción del mar visto desde la torre del castillo anticipa sorprendentemente las posteriores reflexiones teóricas de Verga, que mirará con ojo impersonal, como desde arriba y desde lejos, a los humildes protagonistas de sus novelas. El castillo de Aci constituye pues un punto de observación ideal sobre el pequeño mundo de los pescadores, en la parte más baja de la escala social, que en poco tiempo se convertirá en el escenario de *I Malavoglia*. Y efectivamente, en el prefacio de la novela, a propósito del mecanismo de las pasiones que determinan la actividad humana en las bajas esferas, Verga afirmará que quien «observa este espectáculo no tiene derecho a juzgarlo; ya es mucho si logra quedarse por un instante fuera del campo de la lucha para estudiarlo sin apasionamiento (*I Malavoglia*, p. 410).

Sobre la concienzuda observación de la realidad y sobre el distanciamiento crítico se funda la iconografía del paisaje de Verga, que desde el cuadro restringido y monocromático de *I Malavoglia* arribará al diseño más amplio y polícromo del

Mastro-don Gesualdo. Una observación selectiva de la realidad, circunscrita incluso geográficamente. Vizzini, Tébidi, Acicastello, Acitrezza, constituyen, efectivamente, la «morada existencial y fantástica» del autor, como ha escrito Natale Tedesco, donde se mueven Jeli el pastor, Patrón 'Ntoni y Rosso Malpelo (*Viaggi in Sicilia*, p. 45). Ya a partir de la descripción de la fortaleza de Trezza, se advierte su predilección por el equilibrio constante entre luz y sombra, entre blanco y negro; el blanco del mar y de la piel de Donna Violante, protagonista del relato, y el negro del castillo y de la noche. La visión de los atareados pescadores a la orilla del mar, o a las puertas de sus casuchas, representa además un primer anuncio de las novelas posteriores del autor. Como defiende, en efecto, Vincenzo Consolo, «nos encontramos en una verdadera epifanía, en un «*introibo*». Ese castillo de Trezza se convierte ahora en la torre de la playa de Sandycove del *Ulises* de Joyce. La torre donde comienza la narración de la odisea de un hombre, de todos los hombres. La odisea de los vencidos» (*Le storie del castello di Trezza*, p. 78).

Precisamente «el Verga de la Sicilia ulisíaca, legendaria», como observa agudamente Natale Tedesco, será fuente de inspiración para *La terra trema* del director de cine Luchino Visconti, que identifica la isla vergiana con «la isla de Ulises, una isla de aventuras y fervientes pasiones, situada, inmóvil y fiera, frente al oleaje del mar Jonio» (*Viaggi in Sicilia*, p. 82-83). Y, efectivamente los farallones de los Cíclopes, colocados a lo largo de la costa de Acitrezza y evocados por el escritor verista ya en la novela del 73 *Eva*, habrían sido arrojados por el gigante Polifemo contra la nave en fuga de Ulises. Sus masas de lava se recortan claramente sobre el mar encrespado, mientras desde la barca dos personajes contemplan las casitas de los pescadores, que parecen estar también ellas mareadas. Estamos ante el Verga de *Fantasticheria*:

> Basta [...] realizar todo tipo de trabajos entre los grandes escollos, enmarcados por el color azul, que te hacían batir palmas de admiración. Basta con eso, tan poco, para que los pobres diablos que nos esperaban dormitando en la barca encuentren entre las casuchas destartaladas y pintorescas, que vistas desde lejos parecían también estar mareadas, todo lo que tú te empeñas en buscar en París, Niza o Nápoles. [...] Aquel montón de casuchas está habitado por pescadores: «gente de mar», dicen ellos, como otros dirían «gente de toga». Tienen la piel más dura que el pan que comen, cuando lo comen, pues el mar no es siempre tan amable como cuando besaba tus guantes En los días negros, cuando gruñe y bufa, hay que contentarse con mirarlo desde la orilla, mano sobre mano, o tumbado, que es la mejor postura para quien no ha desayunado (*Fantasía*, en *La vida en el campo*, p. 11-12).[2]

El punto de observación, en esta ocasión, no es la torre de un castillo sino una barca de pescadores. Desde esta óptica privilegiada las casuchas, «vistas desde lejos, parecían estar también ellas mareadas». Una vez más el observador mira desde lejos, desde una cierta distancia, el animado espectáculo de la pequeña población, lleno de movimientos repetidos una y otra vez y cuando el mar «ruge y resopla, hay que contentarse con mirarlo desde la orilla». La miseria de una vida de fatigas no borra la belleza del paisaje ni el idilio de la naturaleza mítica y legendaria, hasta el punto de que en la perspectiva descentrada de Acitrezza se puede encontrar todo aquello que los demás buscarían en vano en una gran ciudad como París. Es evidente la distancia de Verga, que circunscribe su propio campo visual a una aldea de pescadores, respecto al naturalista Zola, que privilegiaba en sus novelas las ambientaciones urbanas, sobre todo parisinas. Una distancia que puede encontrar una ulterior confirmación si comparamos la pasión de ambos escritores por la fotografía. Zola, en 1894, realiza un viaje al descubrimiento de Roma, donde pretende ambientar su próxima historia. Lleva una especie de diario, páginas descarnadas y concisas como instantáneas desenfocadas y, al mismo tiempo, fotografía la gran ciudad. Para el autor francés la fotografía se configura pues como algo auxiliar a la actividad narrativa, allí donde para Verga es, por encima de todo, un placer que se intensifica con la interrupción del estímulo creativo. El escritor verista, en efecto, inmortaliza el paisaje siciliano, sobre todo a partir de 1887, realizando un verdadero viaje hacia atrás en el tiempo y en el espacio. En las imágenes vergianas de Catania, Vizzini o Tébidi, se reflejan los mismos ambientes retratados en la obra literaria; en lugar de la escritura como itinerario mental y memorial en los lugares de su infancia, utiliza la fotografía como redescubrimiento de las moradas del arte. El mismo riguroso respeto frente a la realidad, el realismo lírico y documental, el contraste entre luces y sombras recorre la página narrativa y se reactualiza en la película fotográfica. Tanto es así que, en *Fantasticheria*, la visión de la muchacha que «se asomaba por detrás de las macetas de albahaca [...] con la mirada fija en aquella otra casa coronada por una parra» se materializará en la foto de una niña, tomada en 1911 en el barrio catanés de Novalucello. El punto de vista 'impersonal' de Verga, que quiere «cerrar todo el horizonte entre dos trozos de tierra y mirar con microscopio las pequeñas causas que hacen latir a los pequeños corazones» (*Fantasticheria*, p. 338), oscila entre la verticalidad de una mirada que observa, desde arriba y desde lejos, ambientes y personajes, y la horizontalidad de una mirada que se coloca en el mismo nivel. Como en la hermosísima descripción de los campos de heno de *Jeli il pastore*:

> Ah, las escapadas por los campos segados, con las crines al viento. Ah, los hermosos días de abril, cuando el aire levantaba ondas en la hierba verde y las yeguas relinchaban en los pastizales. Ah, los claros mediodías estivales, cuando el campo blanquecino callaba bajo el cielo fosco, y los saltamontes brincaban entre los surcos como si los rastrojos ardiesen. Ah, el limpio cielo del invierno, y el cierzo a través de las desnudas ramas de los almendros, que se estremecían, y el sendero que resonaba helado bajo los cascos de los caballos, y las alondras que cantaban en lo alto buscando el calor y el azul. Ah, las hermosas noches de verano, cuando ascendía poco a poco, como la niebla, el buen olor del heno, en el que uno podía hundirse, y el melancólico zumbido de los insectos nocturnos (*Jeli, el pastor*, en *La vida en el campo*, p. 26).[3]

Una naturaleza idílica, como en este caso, pero también leopardiana, árida y desolada, que corresponde al paisaje agreste de los alrededores de Vizzini, a los campos de Tébidi, a las colinas de Poggio Alla Croce y Don Ferrante, a los parajes de Passanitello, todos ellos lugares de la infancia del escritor, espacios infinitos recorridos por silencios sobrehumanos. Los campos de Tébidi volverán de nuevo en las fotografías tomadas por Verga entre 1897 y 1900, como en aquella en la que aparecen algunos campesinos entre las gavillas, o en el retrato de un joven pastor descalzo, sentado en una bala de heno, que parece la encarnación de Jeli, o también en el retrato de la esposa y la suegra de Turi «Culedda», cuyas figuras resaltan, una de blanco y la otra de negro, sobre la vastedad de los campos aún sin segar. Blanco y negro que se encuentran en un fragmento descriptivo de *Jeli il pastore,* y precisamente en la imagen con contraste y en movimiento del pueblo de Vizzini, con los montes que se alzan negros, como los farallones de Acitrezza, sobre el albor del cielo:

>El cielo se había puesto blancuzco, y los montes de alrededor parecían despuntar uno a uno, altos y negros.
>Desde la revuelta del camino se divisaba el pueblo, con su monte Calvario y el Molino de viento estampados en el amanecer, umbríos aún, sembrados de las blancas manchas de los rebaños. Y como los bueyes pastaban en lo alto, en el azul casi, parecía como si el contorno del monte se animase y hormigueara de vida (*Ibidem*, p. 46-47).[4]

La especial posición geográfica de Vizzini, que se yergue sobre tres colinas, favorece la perspectiva desde arriba, la misma que surge en las instantáneas del burgo medieval, tomadas por Verga en 1892. Una vez más, la fotografía se configura como una relectura, como una confirmación del universo literario del escritor. Recogiendo una reciente sugerencia de Giuseppe Marcenaro, podemos afirmar que la actividad narrativa de Verga, que precede a la fotográfica, adquiere el valor de una protofotografía de la realidad, allí donde la actividad fotográfica constituye el intento del escritor de miniaturizar la realidad para dominarla. En su intento de encontrar un espacio y un tiempo perdidos, el autor de *I Malavoglia*, que compone casi todas sus obras maestras en el industrioso y frenético Norte de Italia, reproduce en pequeño su propio universo «para contemplarlo como a un «doble» de esa realidad que no se puede dominar directamente» (*Fotografia come letteratura*, p. 3). Una vez depuesta la pluma, se pone a fotografiar, redescubriendo con nuevos instrumentos las mismas geografías mentales. Desde distintos ángulos topográficos inmortaliza al pueblo de Vizzini, tanto desde la via del Pericolo, como en una bella instantánea de mayo de 1892, como desde la de S. Antonio, «donde las casas trepan por el monte, frente al gran valle de la Canziria, completamente verde de chumberas», como se lee en *Jeli il pastore* (p. 357).

Su predilección por la imagen dinámica y de contraste caracteriza también las descripciones del mar de Acitrezza. Aprovechando una vez más la perspectiva de la barca en movimiento, la Providencia de *I Malavoglia*, Verga juega con una alternancia de planos horizontal-vertical, desplazando continuamente la mirada desde el mar hasta la tierra y de la tierra al cielo, en un giro cromático blanco-negro, simbolizado por la misma noche, blanca de luz, y por la montaña negra de nubes, que constituye un anuncio de la inminente desgracia:

> La *Providencia* zarpó el sábado al atardecer, cuando ya debía de haber sonado el avemaría, si bien la campana no se hubiera oído [...]; a esa hora, las muchachas se reunían en torno a la fuente como una bandada de gorriones y la estrella vespertina lucía ya su forma resplandeciente, que parecía un farol colgado del palo mayor de la *Providencia*. Maruca estaba silenciosa en la orilla con la niña en brazos; mientras, su marido desplegaba la vela y la *Providencia* se balanceaba sobre las olas rotas por los *faraglioni* como una cría de pato. «Tramontana oscura y siroco claro, hazte a la mar sin reparo», decía el patrón Toño desde la orilla, mirando hacia el monte ennegrecido por las nubes (*Los Malavoglia*, p. 100-101).[5]

Si la campana del avemaría, significativamente, no es escuchada, signo inequívoco de la amenaza que se cierne, en la apertura del *Mastro-don Gesualdo* un alboroto de campanas se difunde por el pueblo de Vizzini que aún duerme, también como presagio de desventura. El pueblo, con sus callejas y sus iglesias de pináculos puntiagudos, se convierte en protagonista, en constante equilibrio entre luz y sombra:

> Llamaban a misa de alba en San Juan, pero el pueblecito dormía aún a pierna suelta, porque

había estado lloviendo tres días seguidos, y en los sembrados se hundía uno hasta las rodillas. En medio del silencio, se oyó, de pronto, como un derrumbamiento, y la campanita aguda de Santa Águeda que tocaba a rebato, y puertas y ventanas que se golpeaban, y los vecinos que salían en camisa, gritando:

–¡Terremoto! ¡San Gregorio Magno!

Estaba oscuro todavía. A lo lejos, en la amplia extensión negra del Alia, brillaba sólo una lumbre de carboneros, y, más a la izquierda, el lucero de la mañana, sobre un nubarrón que cortaba el amanecer en el largo llano del Paraíso. Un lúgubre aullar de perros se escuchaba por toda la campiña. Y, de pronto, del barrio bajo, llegó el grave sonido de la campana grande de San Juan, que daba la alarma también; y, después, la campana hendida de San Vito, y, más lejos, la de la iglesia madre, y la de Santa Águeda, que parecía golpear directamente en la cabeza a los vecinos de la plazoleta. Una tras otra, se habían despertado también las campanas de los monasterios, del Colegio, de Santa María, de San Sebastián, de Santa Teresa: un camapaneo general, que corría, tenebroso, y despavorido, sobre los tejados (*Maestro-Don Gesualdo*, p. 7).[6]

El fulminante incipit de la novela contiene informaciones detalladas sobre el burgo medieval de Vizzini, edificado sobre un territorio sísmico, que se eleva con sus campanarios en las laderas del monte Lauro, cerca del bosque de Alìa. Pero para garantizar la objetividad de la representación está, sobre todo, la referencia auditiva al repique de campanas y al alboroto, elementos que dan movimiento a la escena. Desde la descripción de las casitas mareadas, en *Fantasticheria,* a la naturaleza festiva, con los rastrojos que estaban a punto de quemarse y las ramas del almendro que se estremecían, en *Jeli il pastore,* hasta la imagen del monte Lauro, que parecía «que se animaba y se llenaba de vida», Verga privilegia, en su visión del paisaje, la imagen dinámica y metamórfica. Su predisposición a capturar los instantes más huidizos no lo abandona ni siquiera cuando se pone a 'contar' el paisaje a través del objetivo fotográfico. Muy elocuente a este respecto es una instantánea, tomada desde una calesa a la carrera, en la que se ve una montaña al fondo y un sendero pero, lo que más cuenta, es que todo ha sido tomado en movimiento, aun en detrimento del valor estético de la fotografía, que resulta, en efecto, ligeramente desenfocada. Haciendo buen uso de los progresos de la técnica, Verga trabaja en exteriores y elige como objeto predilecto los lugares de sus novelas: como hace sobre el papel, el escritor fotógrafo oscila entre la visión desde arriba y desde lejos y la visión desde abajo, alternando la descripción de lugares inaccesibles y escarpados con la de las llanuras desnudas y ardientes. Y piénsese en el *Mastro-don Gesualdo*, en las peregrinaciones del protagonista entre las desoladas llanuras de Burdaturo, en la garganta del Petrajo, un páramo abrasado por el sol que se parece al campo de trigo con cuervos de Van Gogh. Cuanto más se intensifica la participación del escritor en el drama de los personajes, a pesar de su pretensión de impersonalidad, más se pone el ojo 'fotográfico' a su mismo nivel, renunciando a la perspectiva desde arriba.

La mirada desde lejos está teorizada una vez más en el relato rusticano *Di là del mare*, un verdadero manifiesto de poética verista; el autor parece tomar distancia, incluso geográficamente, de su Sicilia, pero al mismo tiempo parece volver a desenterrar los lugares y los personajes legendarios de la isla:

> De pronto, en la larga línea de la costa que parecía unida, se abrió el estrecho como un río turquesa, y más allá el mar que se extendía nuevamente, inmenso. La mujer hizo una exclamación de maravilla. Después quería que le indicase las montañas de Licodia y la llanura de Catania, o el Cruce de Lentini con las orillas llanas. Le indicaba desde lejos, detrás de las montañas azules, las largas líneas melancólicas de la llanura blanquecina, las suaves laderas y grises de los olivos, las peñas ásperas de chumberas, las sendas escarpadas herbosas y perfumadas. Parecía que los lugares se animaran con personajes de la leyenda, mientras él les apuntaba uno por uno. Allá, la Malaria, sobre este lado del Etna, el pueblecito donde la libertad irrumpe como una venganza; allí abajo los dramas humildes del *Mistero*, y la justicia irónica de Don Licciu Papa. Ella escuchando olvidaba incluso el drama palpitante en el que los dos se inquietaban, mientras Messina avanzaba hacia ellos con el vasto semicírculo de su *Palazzata* (*Di là del mare*).[7]

En este sorprendente relato, Verga condensa todo su universo poético encarnándolo en los lugares de la isla, que se animan con las historias que han sido generadas por su mismo *humus*. A las llanuras blanquecinas, a las ásperas piedras, a los senderos llenos de hierba se añade ahora la visión del estrecho que se abre a la vista, espacio infinito, mientras que la mirada se ensancha en un círculo cada vez más vasto, que nos traslada hacia la orilla del Continente. El autor recorre con los ojos de la mente las moradas del arte, confiriéndole a la palabra el poder de evocar los recuerdos de la infancia. Aquellos mismos recuerdos que la película fotográfica fijará para siempre con su riguroso blanco y negro, sencillo y puro como el mundo narrativo del escritor.

Textos de referencia

G. Verga, *Le storie del castello di Trezza*, Sellerio, Palermo 1982.
G. Verga, *Opere*, a cargo de G. Tellini, Mursia, Milano 1988.
G. Marcenaro, *Fotografia come letteratura*, Bruno Mondadori, Milano 2004.
N. Tedesco, *Viaggi in Sicilia. Arte, cinema, teatro*, Bonanno editore. Acireale-Roma 2005.

Traducciones de referencia

G. Verga, *Fantasía*, en *La vida en el campo*, traducción de Hugo Bachelli, Periférica, Cáceres 2008.
G. Verga, *Jeli, el pastor*, en *La vida en el campo*, traducción de Hugo Bachelli, Periférica, Cáceres 2008.
G. Verga, *Los Malavoglia*, edición y traducción de M. Navarro, Cátedra, Madrid 1987.
G. Verga, *Maestro-Don Gesualdo*, traducción de M. Suárez, Alianza, Madrid 1971.

Notas

1 Il mare era levigato e lucente, i pescatori sparsi per la riva, e aggruppati dinanzi agli usci delle loro casipole, chiacchieravano della pesca del tonno e della salatura delle acciughe; lontan lontano, perduto fra la bruna distesa, si udiva ad intervalli un canto monotono e orientale, le onde morivano come un sospiro ai piedi dell'alta muraglia, la spuma biancheggiava un istante e l'acre odore marino saliva a buffi, come ad ondate anch'esso. La baronessa stette a contemplare sbadatamente tutto ciò, e sorprese se stessa, sè posta così in alto nella camera dorata di quella dimora signorile, ad ascoltare con singolare interesse i discorsi di quella gente posta così in basso al piede delle sue torri (*Le storie del castello di Trezza*, p. 55-56).

2 Basta [...] patire un po': di tutti gli stenti fra quegli scogli giganteschi, incastonati nell'azzurro, che vi facevano batter le mani per ammirazione. Così poco basta perché quei poveri diavoli che ci aspettavano sonnecchiando nella barca, trovino fra quelle loro casipole sgangherate e pittoresche, che viste da lontano vi sembravano avessero il mal di mare anch'esse, tutto ciò che vi affannate a cercare

a Parigi, a Nizza ed a Napoli [...] Quel mucchio di casipole è abitato da pescatori; «gente di mare», dicon essi, come altri direbbe «gente di toga», i quali hanno la pelle più dura del pane che mangiano, quando ne mangiano, giacche il mare non sempre gentile, come allora che baciava i vostri guanti... Nelle sue giornate nere, in cui brontola e sbuffa, bisogna contentarsi di stare a guardarlo dalla riva colle mani in mano, o sdraiati bocconi, il che è meglio per chi non ha desinato (*Fantasticheria*, p. 338).

3 Ah! le belle scappate pei campi mietuti, colle criniere al vento! i bei giorni d'aprile, quando il vento accavallava ad onde l'erba verde, e le cavalle nitrivano nei pascoli; i bei meriggi d'estate, in cui la campagna, bianchiccia, taceva, sotto il cielo fosco, e i grilli scoppiettavano fra le zolle, come se le stoppie si incendiassero! il bel cielo d'inverno attraverso i rami nudi del mandorlo, che rabbrividivano al rovajo, e il viottolo che suonava gelato sotto lo zoccolo dei cavalli, e le allodole che trillavano in alto, al caldo, nell'azzurro! le belle sere di estate che salivano adagio adagio come la nebbia; il buon odore del fieno in cui si affondavano i gomiti, e il ronzìo malinconico degli insetti della sera (*Jeli il pastore*, p. 343).

4 Ora il cielo s'era fatto bianchiccio e i monti tutto intorno parevano che spuntassero ad uno ad uno, neri ed alti. Dalla svolta dello stradone si cominciava a scorgere il paese, col *monte del Calvario* e del *Mulino a vento* stampato sull'albore, ancora foschi, seminati dalle chiazze bianche delle pecore, e come i buoi che pascolavano sul cocuzzolo del monte, nell'azzurro, andavano di qua e di là, sembrava che il profilo del monte stesso si animasse e formicolasse di vita (*Ibidem*, p. 355).

5 La *Provvidenza* partì il sabato verso sera, e doveva esser suonata l'avemaria, sebbene la campana non si fosse udita [...] in quell'ora le ragazze facevano come uno stormo di passere attorno alla fontana, e la stella della sera era già bella e lucente, che pareva una lanterna appesa all'antenna della *Provvidenza*. Maruzza colla bambina in collo se ne stava sulla riva, senza dir nulla, intanto che suo marito sbrogliava la vela, e la *Provvidenza* si dondolava sulle onde rotte dai *fariglioni* come un'anitroccola. – «Scirocco chiaro e tramontana scura, mettiti in mare senza paura», diceva padron 'Ntoni dalla riva, guardando verso la montagna tutta nera di nubi (*I Malavoglia*, p. 417).

6 Suonava la messa dell'alba a San Giovanni; ma il paesello dormiva della grossa, perchè era piovuto da tre giorni, e nei seminati ci si affondava fino a mezza gamba. Tutt'a un tratto, nel silenzio, s'udì un rovinìo, la campanella squillante di

Sant'Agata che chiamava aiuto, usci e finestre che sbattevano,l a gente che scappava fuori in camicia, gridando:– Terremoto! San Gregorio Magno! Era ancora buio. Lontano, nell'ampia distesa nera dell'Alia, ammiccava soltanto un lume di carbonai, e più a sinistra la stella del mattino, sopra un nuvolone basso che tagliava l'alba nel lungo altipiano del Paradiso. Per tutta la campagna diffondevasi un uggiolare lugubre di cani. E subito, dal quartiere basso, giunse il suono grave del campanone di San Giovanni che dava l'allarme anch'esso; poi la campana fessa di San Vito; l'altra della chiesa madre, più lontano; quella di Sant'Agata che parve addirittura cascar sul capo agli abitanti della piazzetta. Una dopo l'altra s'erano svegliate pure le campanelle dei monasteri, il Collegio, Santa Maria, San Sebastiano, Santa Teresa: uno scampanìo generale che correva sui tetti spaventato, nelle tenebre (*Mastro-don Gesualdo*, p. 929).

7 All'improvviso, nella lunga linea della costa che sembrava unita, si aperse lo stretto come un fiume turchino, e al di là il mare che si allargava nuovamente, sterminato. La donna fece un'esclamazione di meraviglia. Poi voleva che egli le indicasse le montagne di Licodia e la Piana di Catania, o il Biviere di Lentini dalle sponde piatte. Egli le accennava da lontano, dietro le montagne azzurre, le linee larghe e melanconiche della pianura biancastra, le chine molli e grigie d'ulivi, le rupi aspre di fichidindia, le alpestri viottole erbose e profumate. Pareva che quei luoghi si animassero dei personaggi della leggenda, mentre egli li accennava ad uno ad uno. Colà la Malaria; su quel versante dell'Etna il paesetto dove la libertà irruppe come una vendetta; laggiù gli umili drammi del Mistero, e la giustizia ironica di Don Licciu Papa. Ella ascoltando dimenticava persino il dramma palpitante in cui loro due si agitavano, mentre Messina si avanzava verso di loro col vasto semicerchio della sua *Palizzata* (*Di là del mare*, p. 685).

III. El «viaje sentimental» de Quasimodo a Sicilia
Claudia Carmina

¿Qué poeta no ha plantado su seto como confín del mundo, como límite donde su mirada llega de forma más clara? Mi seto es Sicilia: un lindero que cierra antiquísimas civilizaciones y necrópolis y canteras y telamones hechos pedazos sobre la hierba y minas de sal gema y piedra de azufre y mujeres que lloran desde hace siglos por sus hijos asesinados, y furias contenidas o desatadas, blandidas por amor o por justicia.

Tampoco yo he buscado lejos mi canto, y mi paisaje no es mitológico ni parnasiano. Ahí está el Anapo y el Imera y el Platani y el Ciane con sus papiros y sus eucaliptos, allí Pantalica con sus madrigueras funerarias excavadas cuarenta y cinco siglos antes de Cristo, «apretadas como las celdas de un panal», allá Gela y Megara Iblea y Lentini. Un amor, como decía, no puede decirle a la memoria que huya para siempre de aquellos lugares (*Una poetica*, en *Il poeta e il politico e altri saggi*).[1]

En el escrito de 1950 titulado *Una poetica*, Salvatore Quasidmodo elabora un denso catálogo con las localidades y los paisajes isleños que más asiduamente son evocados en sus versos. La Gela dórica, la Lentini de Gorgia, los «telamones hechos pedazos» del templo de Júpiter en Agrigento, las canteras siracusanas, la necrópolis de Pantalica y la *polis* de Megara Iblea. Ante los ojos del lector se despliega toda una galería repleta de lugares reales y memoriales, mientras se va componiendo, por fragmentos y manifestaciones aisladas, el plano de un extraordinario museo *en plein air*, pacientemente ensamblado, pedazo a pedazo, en el ámbito mitificador de la escritura literaria. Se trata de sitios concretos, bien localizados, que son fáciles de identificar en la perspicuidad referencial de cualquier mapa, pero estos mismos espacios se hacen realidad y adquieren una nueva densidad en el ámbito del recuerdo, de la agnición literaria. De la afortunada Sicilia de signo griego a la fastuosa de Federico II, de la desembocadura del Anapo al estrecho de Messina, de las cuevas de Siracusa a los templos de Agrigento; la poesía de Quasimodo abraza y redibuja el perímetro completo de la isla, recorre *à rebours* sus más remotas estratificaciones históricas, hasta redescubrir las raíces en las que se origina ese destino individual y colectivo de «dudosa soledad» (carta a A. Barile del 3 de abril de 1931, en *Carteggi con Angelo Barile, Adriano Grande, Angiolo Silvio Novaro*, p. 46), de un persistente aislamiento que pesa, con igual intensidad, sobre el ánimo del poeta y sobre su tierra natal.

Viviendo hasta las últimas consecuencias la irresuelta dialéctica entre quedarse y partir, Quasimodo, desde su condición de errante, reconquista su tierra de origen en el momento en que se aleja de ella y puede así apropiársela en la memoria. De este modo, la escritura se abre al intento de sublimar la ausencia y el exilio mientras que, paradójicamente, los lugares de su infancia se vuelven verbalizables, narrables, aunque sólo a condición de que estén objetivados por el *pathos* de la distancia, trasladados desde el principio a un escenario cósmico y atemporal. Así pues, no sorprende que, al escribir desde Sondrio a Sibilla Aleramo, el 7 de marzo de 1935, el escritor admita sus propias dificultades para situar a la isla en «un espacio preciso», situado fuera de cualquier visceral mitología:

> ¿Tú has escuchado de su boca a mi alma, el alma de mi gente? Ojalá pudiera yo descender también al corazón, a la sangre viva de este pueblo. Para mí la isla se encuentra ahora en la mitología, va a la deriva en busca de su espacio preciso en las aguas. [...] Yo estoy prisionero aquí. (S. Aleramo - S. Quasimodo, *Lettere d'amore*).[2]

Así pues, entre las distintas identidades y las múltiples tradiciones que confluyen en la rica y contradictoria amalgama de la que se compone la «isla plural» (C. Bufalino, *La luce e il lutto*, p. 1.140), *in primis* Quasimodo decide reproducir una imagen peculiar de Sicilia, representando sus suaves colinas y las llanuras verdes y perfumadas de eucaliptos que han visto nacer a Gorgias y a Empédocles, o más bien delineando su morfología antigua, milenaria, diseminada de huellas que se remontan a un pasado remoto, proto-urbano y ancestral.

Un verso tras otro, se va devanando un kárstico itinerario de redescubrimiento y de exploración de los pueblos sicilianos, allí donde la consistencia de los lugares reales, leuda y fermentada, adquiere notoriedad y se pliega a significados inéditos, bajo el impulso demiúrgico y transfigurante de una memoria que es, al mismo tiempo, biográfica e histórica, individual y antropológica. De este modo, resulta imposible no estar de acuerdo con Natale Tedesco, cuando afirma que la Sicilia del «mito» (N. Tedesco, *L'isola impareggiabile*, p. 36) constituye el nudo iconográfico en torno al cual se condensa, con una coherencia en verdad sorprendente y con una rigurosa constancia, todo el primer tiempo de la producción de Quasimodo. Tanto es así que cada una de sus composiciones, en su rígida sucesión, se presenta como un alto en el camino, como una etapa meditativa que sirve para escandir, con sutiles pasajes, el melancólico e ininterrumpido peregrinar llevado a cabo por el autor *in statu viatoris*, que pretende volver a mirar nostálgicamente *de lonh* los territorios de su infancia.

El lector de hoy puede seguir de cerca al poeta en sus fantásticos vagabundeos, recorriendo paso a paso el trazado de sus desplazamientos y de sus soñadoras detenciones, hasta recabar de la topografía poética las sugerencias y los estímulos que pueden guiarlo también por los caminos de un viaje real. Siguiendo las huellas diseminadas adrede por Quasimodo en sus idas y venidas literarias, el turista culto se vuelve explorador consciente del elaborado mosaico de culturas y de civilizaciones, estratificadas hasta formar la identidad siciliana y, al mismo tiempo, dispone de una inigualable guía *Baedeker* con la que orientarse por los meandros de la isla.

La primera etapa del *grand tour* poético de Quasimodo coincide con la visita a Tindari, intensamente evocada en la segunda composición de *Acque e terre:*

> Tíndari, te recuerdo apacible
> entre los amplios cerros pensiles sobre las aguas
> de las dulces islas del dios,
> hoy sales a mi encuentro
> y te inclinas sobre mi corazón.
>
> Subo las cimas, los aéreos precipicios,
> absorto como el viento de los pinos
> y el grupo que silencioso acompaña en el aire se aleja
> como una ola de sonidos y amor;
> y tú me rescatas
> de quien mal me libré,
> del miedo de las sombras y silencios,
> refugios de dulzuras en el pasado asiduas,
> y muerte en el alma.
>
> Desconoces la tierra
> en la que cada día me hundo
> y en la que nutro sílabas secretas:
> otra es la luz que te deshoja en los cristales,
> en el ropaje nocturno,
> y la alegría, no mía, reposa
> en tu regazo.

Áspero es el exilio
y la búsqueda de la armonía
que en ti depositaba hoy se cambia
en ansia precoz de morir
y todo amor es reflejo de la tristeza,
tácito paso en la oscuridad
en la que me has ofrecido
amargo para partir.

Tíndari vuelve serena;
con suavidad un amigo me despierta,
para que me asome al cielo desde una peña
y finjo temor a quien no sabe
qué viento profundo ha salido a mi encuentro
(*Viento en Tíndari*, en *Aguas y Tierras*,
en *Poesías completas*, p. 25-27).[3]

    La génesis del poema está ligada a un hecho biográfico concreto y su matriz real hay que buscarla en el recuerdo de una de las excursiones realizadas en la primavera de 1929, cuando el poeta, en compañía de una «amistosa pandilla», visita las ruinas de la antigua colonia griega de *Tyndaris*, fundada en el 396 a. de C. por Dionisio. Los ecos de su experiencia concreta señalan el punto de partida para el despliegue del canto y se entregan a una reescritura fantástica, a un replanteamiento de sus vivencias lleno de inventiva, mientras que la provisionalidad de la autobiografía es reabsorbida por las equilibradas geometrías del ritmo y resarcida por la estabilidad absoluta del acento lírico. A pesar de ello, el contexto paisajístico permanece irreconocible y mantiene inalterados sus propios rasgos caracterizadores.

Entonces, la ascensión cantada por el poeta es, efectivamente, esa ascensión definitiva que provoca un escalofrío de la memoria y un vértigo existencial, pero es también la lenta ascensión de un camino hecho de recodos, de revueltas, que trepa por el promontorio de Tindari, ante el cual se despliega el amplio panorama del mar con las Eolias. De igual modo, por una especie de 'contagio metonímico', el sentimiento de pérdida y de ruina que distingue el estado de ánimo del sujeto, es corroborado y alimentado por la misma inestabilidad del escenario natural, por sus «verticales y aéreos precipicios», por la «roca» que se rompe en el cielo, reclamándole a la mente la historia de derrumbamientos y de desprendimientos recordada por Plinio en la *Naturalis Historia*.

En el cortocircuito entre crónica y ficción, con la evidencia condensada de las representaciones, *Vento a Tindari* se propone como un primer y esencial desarrollo y, al mismo tiempo, como una escansión ejemplar en la que se compendia plenamente todo el sentido del errático vagabundeo poético, emprendido por el «sículo griego» (*Micene*, en *La terra impareggiabile*, p. 216) y perseguido tenazmente por éste verso tras verso. El viaje sentimental se convierte pues en un itinerario de recuperación de la memoria y, al mismo tiempo, asume el valor de un *nostos*, de un retorno necesario a una iconografía de la infancia, que es reconquistada y actualizada en un tiempo arquetípico, «no poseído» (*Convalescenza*, en *Poesie e discorsi sulla poesia*, p. 63) y sin embargo «inmóvil»:

> Duermen bosques
> de sereno verdor, de viento,
> llanuras donde el azufre

era el verano inmóvil
de los mitos
(*Duermen bosques*, en *Oboes sumergidos*,
Ibidem, p. 111).⁴

A la imagen histórica y contingente de Sicilia se superpone el simulacro idealizado de una tierra primigenia, auroral, en la que aún resuenan las voces incorruptas de Acis y del Cíclope, mientras el fluir del tiempo se detiene y se cristaliza en una mítica edad de oro. Así pues, por una parte, la isla es un *pomerium* consagrado al canto, que acoge en su interior los antiguos vestigios y las últimas señales de la infancia del mundo, de un pasado siempre dispuesto a resurgir, a renacer mediante el misterioso prodigio del canto:

Tú vienes en mi voz: [...].
Mía no eres; pero entro en el espacio,
resurges, en mí tiemblas
hecha de oscuridad de elevación
(*Hecha de oscuridad y elevación*, en *Oboe sumergido*,
Ibidem, p. 135).⁵

Al norte y al este de mi isla
hay un viento arrastrado por las piedras
hasta las aguas amadas: en primavera,
abre la tumba de los Suabos;
Los reyes de oro se visten de flores
(*En las orillas del Lambro*, en *Nuevos poemas*,
Ibidem, p. 223-225).⁶

Por otra parte, en el *temenos* verbal circunscrito por la palabra poética, la representación de la morada isleña es sublimada hasta asumir el aspecto de una incorrupta *natura naturans*, susceptible de sufrir metamorfosis y transformaciones. Esta tierra paradisíaca, regada por las «frescas y azuladas aguas» de los ríos (*Albero*, en *Acque e terre*, p. 14) es también sede de renacimientos, de adivinaciones y de vibrantes apariciones. Así, en el *Anapo* se celebra un «idilio de antigua fábula» (N. Tedesco, *L'isola impareggiabile*, p. 32); gracias al sortilegio evocador y al encantamiento del verso, la sustancia inanimada del río se transfigura en el «cuerpo adolescente» de un jovencito *genius loci*.

> En tus orillas oigo el agua paloma,
> Ánapo mío; en la memoria gime
> con su aflicción
> un susurro agudísimo.
>
> Con ligereza asciende hasta la playa
> después de jugar con los dioses,
> un cuerpo adolescente:
> mudable tiene el rostro,
> sobre una tibia cuando tiembla la luz
> se inflama un grumo vegetal.
> Atento a las profundas fermentaciones
> padece cada uno de sus cambios
> y en sí, en germinación, lleva muerte nupcial.
> (*El Ánapo*, en *Erato y Apolo*, *Ibidem*, p. 165).[7]

La presencia cambiante del numen se revela al poeta-peregrino, cuyas percepciones se concentran desde el principio en la prueba auditiva del «murmurar» de las aguas, para luego distinguir también visualmente la figura del dios fluvial, del emblemático *puer* sin tiempo en el que la naturaleza se personifica y se manifiesta, de una vez y para siempre. Este encantamiento de las aguas del Anapo, esta manifestación de un divino adolescente pueden aún sorprender y crear sugestiones poéticas al viajero que sube hoy hasta la desembocadura del río siracusano. Por lo demás, como testimonia una epístola dirigida a Aleramo, también el poeta soñaba con aventurarse a lo largo de las orillas del Anapo para visitar este lugar encantado y, según sus palabras, inmune a la «sucesión de las estaciones»: «iremos juntos», le promete en 1935 a la mujer amada, «remontaremos el Anapo azulísimo; te bautizaré en aquella agua diosa de las Musas. Nos amaremos como dioses; nos llevaremos a nuestro lecho el nupcial azahar, pero vivo» (carta del 2 de abril de 1935, en S. Aleramo - S. Quasimodo, *Lettere d'amore*, p. 57).

Por otra parte, sin embargo, a menudo las formas del tiempo perdido y las reliquias de la memoria se encarnan en un paisaje poblado de ruinas, tangible sólo mediante roces instantáneos y rápidas fulguraciones, desde la perspectiva dolorida de la exclusión y de la distancia. La poesía ofrece entonces una imagen nocturna y lunar de la isla, diseñando los contornos netos de una geografía telúrica que se nutre de despojos, de sepulcros, llena de «peñascos» y de «formas incorruptibles» (*Salina d'inverno*, en *Erato e Apòllion*, p. 90), de «remotos simulacros» (*Ride la gazza, nera sugli aranci*, en *Nuove poesie*, p. 101), repleta de los antiquísimos despojos del mito. La monocromía de la urdimbre figurativa está sacudida por la claridad luminotécnica e icónica que irradia de las apariciones de las siluetas inmóviles de los telamones rotos de *Strada di Agrigentum* y de *Tempio di Zeus ad Agrigento*:

> Lúgubre telamones caídos
> en la hierba. Alma antigua, gris
> por los rencores, vuelves a aquel viento, olfateas
> el delicado musgo que reviste
> los gigantes arrojados al cielo
> (*Camino de Agrigentum*, en *Nuevos poemas*,
> *Ibidem*, p. 205).[8]

> El telamón está aquí, a dos pasos
> del Hades (sofocante, inmóvil murmullo),
> tendido en el jardín de Zeus, y se quiebra
> su piedra con paciencia de gusano
> del aire: está aquí, juntura sobre juntura,
> entre árboles eternos por una sola semilla
> (*Templo de Zeus en Agrigento*, en *De Sicilia*,
> *Ibidem*, p. 339/341).[9]

De modo semejante, en la composición titulada *Insonnia*, la inmovilidad silente del paisaje nocturno se rompe con el vislumbrar repentino y atronador de los «meteoros» que atraviesan el cielo por encima de las «colmenas de Pantalica» *(Le arche scaligere*, en *La terra impareggiabile*, p. 203):

> Amor por mí perdido,
> memoria no humana:
> sobre los muertos brillan llagas celestes,
> graves noches estrelladas descienden sobre los ríos

se debilita una hora de lluvia suave,
o un canto se insinúa en esta noche eterna.

Durante años y años, en cubículo abierto
de mi tierra duermo,
húmeros de algas contra grises aguas:

en el aire inmóvil truenan meteoros
(*Insomnio. Necrópolis de Pantálica*,
en *Erato e Apòllion, Ibidem*, p. 175).[10]

Y de nuevo la opacidad absoluta del mediodía siciliano puede jaspearse de un vívido «celeste», de «violeta y ocre», e inflamarse con los destellos del «ánfora de cobre» encontrada «en Lentini, cercana al pantano / de Iacopo notario de anguilas / y de amores» (*Un'anfora di rame*, en *La terra impareggiabile*, p. 200); mientras, en Siracusa, «la latomía el naranjo griego / fecunda para los himeneos de los dioses» (*Cavalli di luna e di vulcani*, en *Nuove poesie*, p. 118), iluminando con sus reflejos «verdísimos» la «noche querida para los muertos»:

Oigo. Cara es la noche a los muertos
y espejo de sepulcros para mí,
de latomías verdísimas de cedros,

de canteras de sal gema,
de ríos cuyo nombre griego
como un dulce verso repetimos
(*Latomías*, en *Erato e Apòllion, Ibidem*, p. 189).[11]

La verticalidad del ritmo poético se presenta como el equivalente formal de la inagotable catábasis desarrollada por el poeta, empeñado en descender a los abismos de su propio yo, para llevar a cabo una doble y paralela peregrinación: de paseo por la isla y en el interior de sí mismo. Por lo demás, un foscoliano «genio deambulatorio» ha caracterizado la poesía de Quasimodo desde su nacimiento. Ya en sus manuscritos juveniles, el autor se retrata bajo la nostálgica apariencia del «errante», del «peregrino enfermo» (*La danzatrice dell'alba*, en *Bacia la soglia della tua casa*, p. 1.071), del «viandante» (*L'arpa del nomade*, p. 1.070), del «caminante insomne» (*Camminare*, en *Notturni del re silenzioso*, p. 1.130), casi hasta confirmar cómo el nomadismo, alimentado por los hechos biográficos, se convierte inmediatamente en emblema de la misma *quête* artística, de su irreducible agitación y mutabilidad.

No es casual que el itinerario poético de Quasimodo sufra virajes imprevistos y bruscas aceleraciones, tanto como para permitir la identificación de momentos de paso, de fallas, de transiciones, en una parábola artística y existencial que, incluso dentro de una coherencia y una continuidad de temas y contenidos, se renueva de manera incesante. Es sabido que la meta última de dicho camino de búsqueda viene a coincidir con la experimentación de una poesía «civil», que ambiciona «rehacer al hombre, más que en el plano moral [...] en el plano estético» (*Una poetica*, en *Il poeta, e il politico e altri saggi*, p. 24) y que, por lo tanto, resulta marcada por una indefensa aspiración a la concreción y por un controlado carácter discursivo.

En este contexto cambiante y abrupto, no sorprende que el cronotopo más recurrente, además de útil para representar el sentido de un proceso ininterrumpido, esté representado por la imagen, no idílica sino dramática, de la orilla, que se impone con especial riqueza figurativa en las composiciones incluidas en la colección *Nuove poesie*. Aquí el tema isleño se modifica sensiblemente y las descripciones de espacios y ambientes adquieren rasgos más exactos y tangibles, anunciando la inmediata llegada de aquella «recalificación realista» de una «Sicilia históricamente reconocible» que, en opinión de Natale Tedesco, sella el éxito definitivo de la escritura de Quasimodo (N. Tedesco, *L'isola impareggiabile*, p. 37 y *passim*). Al mismo tiempo que evoluciona su poética, en *Nuove poesie* se multiplican las representaciones del cronotopo de la orilla, que, como sugiere el mismo autor en la prosa *Invito alle isole*, adquiere el valor de una zona de suspensión y de confín, de una frontera, de un umbral, abierto a un más allá inalcanzable e indefinido:

> Vemos las pequeñas islas de nuestros mares en el filo de las horas estivales sin viento y como veleros en el ovillo de las tempestades. Así Pantelleria, Lampedusa y las otras. Sus puertos son breves y en ellos oscilan barcas de pesca o veleros. En sus orillas, hombres y mujeres esperan la noche cosiendo redes. [...] En todas las islas el primer pensamiento se arroja de la mente como la búsqueda de una nueva naturaleza. En torno a nosotros está el agua. Una ruptura deseada con la tierra, un encuentro con lo que está más allá de nuestro día (*Invito alle isole*, en «*A colpo omicida*» *e altri scritti*).[12]

La Sicilia de Quasimodo es pues una tierra de frontera, suspendida sobre las aguas, que se despliega «sobre ríos cercanos al mar», donde «los pies vagan / entre juncos pesados de caracoles» (*Le morte chitarre*, en *Il falso e il vero verde*, p. 163). Comentando precisamente la imagen de la región que surge de los versos del poeta, Sciascia observa cómo «el recuerdo más vivo» de Quasimodo «es el mar de Siracusa, la desembocadura del Imera, las 'mesetas de Acquaviva por donde el Platani arrastra conchas'»: una «memoria de los lugares perdidos» (L. Sciascia, *Sicilia e sicilitudine*, p. 967) que aflora desde el fondo removido de la experiencia autobiográfica y que, muy a menudo, sirve de vehículo a una idea de exclusión, de segregación. «Miro el límite del mar como una gaviota, arrojando sobre la escollera mi singular angustia de isleño 'aislado'» (carta del 2 de agosto de 1967, en C. Ferrari, *Una donna e Quasimodo*, p. 159), confía el autor a Curzia Ferrari en una carta de 1967 en la que el sentimiento trepidante de la soledad choca con la descripción de aquel «límite del mar» que, de manera pirandelliana, constituye una especie de barrera imposible de saltar, puesto que «la isla, en suma [...] aisla», alimentando un «miedo instintivo a la vida» y favoreciendo un aislamiento no sólo geográfico sino sobre todo existencial.

Más de una composición retrata al personaje del poeta melancólico mientras se detiene, junto a la mujer amada, en la orilla del mar o en el borde de un río. Así el viajero que se dispone a visitar Sicilia encuentra en los versos de Quasimodo, en filigrana, las tramas fantásticas de una excursión única en la que la realidad palidece en el imaginario y es transportado en un viaje por imágenes que lo conduce desde las orillas del Platani y de los «llanos de Acquaviva» evocados en *Che vuoi, pastore dell'aria?*, al «borde de la isla», descrito en el *Alto veliero*; de las «playas» a las que se hace referencia en *Cavalli di luna e di vulcani* a los litorales, a la «orilla apenas alta, con escollos», al «río Alcantara cerca de la desembocadura», que sirven de fondo al mito en tres actos *L'amore di Galatea*. En todos estos casos los lugares costeros y las orillas arenosas intervienen para delinear un escenario de *finis terrae*, cuyos límites no se atraviesan nunca, más bien son puestos a prueba y luego inevitablemente reconfirmados.

Y sin embargo, como ya se ha dicho, el interés del poeta se va desplazando gradualmente desde las formas de una traslación mítica de la geografía isleña, en la que predominan las imágenes de espacios naturales incontaminados o de sugestivas áreas arqueológicas, a la ilustración de una Sicilia real e histórica, inserta en el «justo tiempo humano». La exhumación y el descubrimiento del perfil más actual y concreto de la tierra natal pasan inevitablemente por atravesar las sufridas regiones de las vivencias autobiográficas de modo que, inmediatamente después de la guerra, Quasimodo se detiene a describir los lugares habitados en el pasado. En particular, el autor recuerda los exuberantes espacios que rodean la «desembocadura del Imera, el río lleno de urracas, / de sal, de eucaliptos» (*Lettera alla madre*, en *La vita non è sogno*, p. 157), menciona Roccalumera en la composición *Vicino a una torre saracena*, evoca las «aguas violetas», los «cables rotos», los «escombros» de la Messina devastada, habitada en la infancia, en la que «el terremoto bulle / desde hace tres días» (*Al padre*, en *La terra impareggiabile*, p. 201). Precisamente la «melancólica» Messina asume el valor de un «peldaño que te invita a toda la isla» (*Introduzione alla Sicilia*, p. 35-36). La ciudad peloritana se alza como un emblema viviente de toda la isla y se hace cargo del sentimiento de «dolor activo», propagado por un «Sur cansado de arrastrar muertos» (*Una poetica*, en *Il poeta e il politico e altri saggi*, p. 23), haciéndose portavoz de la secular exigencia de rescate que se eleva, con el ímpetu irresistible del viento, de las cimas de los Ibleos, «de los conos / de las Madonie»:

> El viento arranca himnos y lamentos
> desde los Hibleos y las cimas de las Madonías,
> sobre los tímpanos de grutas tan antiguas
> como el ágave o el ojo del bandido
> (*Qué larga noche*, en *De Sicilia, Ibidem*, p. 333).[13]

En la prosa *Introduzione alla Sicilia*, a cuyas páginas confía el resumen detallado de uno de sus regresos a la isla, Quasimodo reflexiona sobre la tenacidad de los messineses, sobre el laborioso esfuerzo de «reconstrucción», sobre la revuelta secreta y paciente que la gente isleña opone a las violencias de la historia:

> Desde el ferry seguí la curva de la ciudad de Messina: a la entrada del puerto, en el área de la ciudadela dorada, sobre una alta columna, aparece una estatua de Cristo. No es la primera vez que los messineses llevan a cabo este acto de fe. La ciudad golpeada por los bombardeos aéreos se está reconstruyendo. [...] El símbolo de la paciencia de los messineses podría ser la plomada. El espectáculo de esta ciudad, que podría denominarse el peldaño que te invita a toda la isla, es verdaderamente conmovedor. También las antiguas messinesas en los cantos populares de guerra «llevaban piedra y cal viva» para construir defensas contra los asaltos de

los enemigos (*Introduzione alla Sicilia*, in *«A colpo omicida» e altri scritti*).[14]

El espectáculo 'estético' de una Sicilia encantada es sustituido por el espectáculo 'ético' y «conmovedor» de una tierra destrozada. En una amplia panorámica, la mirada del autor observa en el mar la «curva» sobre la que se despliega Messina y, a medida que el ferry se aproxima a la costa, sus ojos distinguen con todo detalle la entrada del puerto con su estatua dorada. El encuadre luego se va estrechando gradualmente, hasta concentrarse en las áreas en reconstrucción. A pesar del deterioro y los daños, Messina intenta laboriosamente resurgir. Por su parte, Quasimodo participa idealmente en este esfuerzo de edificación colectiva, tanto como para asumir, en su última colección, la apariencia tranquilizadora del constructor, del «albañil» que, como las mujeres de Messina recordadas en los «cantos populares», se compromete a llevar «piedra y cal viva»:

> Es marzo con estrías celestes,
> sale el hombre de su lecho de enramadas
> y va en busca de piedra de argamasa.
> Tiene a Lucifer en sus cabellos
> que resplandecen en el agua, en el bolsillo un metro
> de madera amarilla, los pies desnudos,
> sabe cerrar curvas, inclinar taludes,
> escuadra, encadena artistas, armaduras.
> Obrero y arquitecto, está solo,
> el asno lleva pedernales, un muchacho
> los quiebra y de ellos saltan chispas. Trabaja

tres o cuatro meses antes del muérdago
del bochorno y las lluvias, alba y crepúsculo.

De todas las manos que alzaron muros
en la isla, manos griegas o suabas,
manos de España, manos sarracenas,
muros de la canícula y del otoño,
de todas las manos anónimas y adornadas
de sellos, ahora veo
las que derribaron las casas
sobre el mar Trabia. Líneas verticales,
torbellinos de aire inclinados
por las hojas de acacia y los almendros.

Más allá de las casas, allá abajo, entre los lentiscos
de las liebres, está muerto Solunto.
Subía aquel alcor una mañana
con otros muchachos sumergidos
en íntimos silencios. Debía
inventar aún la vida
(*En la isla*, en *Debe y Haber*,
Ibidem, p. 473-475).[15]

Con *Dare e avere*, de 1966, se cierra la parábola inventiva recorrida por el poeta y, simultáneamente, llega a término su viaje literario, conducido entre mito e historia, entre movimiento y estancamiento, entre fugas y regresos, a través de los lugares de Sicilia. Con el poema *Nell'isola*, Quasimodo llega a definir un paradigma de la circularidad del viaje, sellado al comienzo y al final por el tema de la isla, y reafirma la unión entre la etapa de partida y el punto de llegada. Sin embargo, lo que más le importa al poeta no es la meta sino el recorrido, no tanto la certeza de un arribo definitivo como, sobre todo, la ebriedad del movimiento y de la imaginación, que lo induce a volver con la mente a Sicilia, para fijar sobre el papel la imagen de una tierra perdida y reencontrada en el canto. *Nell'isola* se configura pues como el anillo de conjunción entre la infancia más lejana y los días del presente. Aquí el rostro antiguo de Sicilia y el contemporáneo reviven, para el viajero de hoy, en una densa síntesis paisajística donde las ruinas de «Solunto muerta» se recortan por encima de las «casas» edificadas delante del azul «mar de Trabia».

Textos de referencia

S. Quasimodo, *Il poeta e il politico e altri saggi*, Schwarz, Milano 1960.
S. Quasimodo, «*A colpo omicida*» *e altri scritti*, a cura di G. Finzi, Mondadori, Milano 1977.
S. Quasimodo, *Carteggi con Angelo Barile, Adriano Grande, Angiolo Silvio Novaro*, a cura di G. Mugolino, Archinto, Milano 1999.
S.Quasimodo, *Poesie e discorsi sulla poesia*, a cura di G. Finzi, con prefazione di C. Bo, Mondadori, «I Meridiani», Milano 2001.
S. Aleramo - S. Quasimodo, *Lettere d'amore,* a cura di P. Manfredi, Nicolodi, Rovereto 2001.
G. Bufalino, *La luce e il lutto*, en *Opere 1981-1988*, a cura di M. Corti e F. Caputo, Bompiani, Milano 1966, p. 1131-1282.
C. Ferrari, *Una donna e Quasimodo*, Ferro Edizioni, Milano 1970.
L. Sciascia, *Sicilia e sicilitudine*, in *Opere 1956-1971*, a cura di C. Ambroise, Bompiani, Milano 2000, p. 961-967.
N. Tedesco, *L'isola impareggiabile. Significati e forme del mito in Quasimodo*, Flaccovio, Palermo 2002.

Traducciones de referencia

S. Quasimodo, *Poesías completas*, edición y traducción de Antonio Colinas, Comares, Granada 1991.

Notas

1 Quale poeta non ha posto la sua siepe come confine del mondo, come limite dove il suo sguardo arriva più distintamente? La mia siepe è la Sicilia: una siepe che chiude antichissime civiltà e necropoli e latomie. E telamoni spezzati sull'erba e cave di salgemma e zolfare e donne in pianto da secoli per i figli uccisi, e furori contenuti o scatenati, banditi per amore o per giustizia.
Anch'io non ho cercato lontano il mio canto, e il mio paesaggio non è mitologico o parnassiano: là c'è l'Anapo e l'Imera e il Platani e il Ciane con i papiri e gli eucalyptus, là Pantalica con le sue tane tombali scavate quarantacinque secoli prima di Cristo «fitte come celle d'alveare», là Gela e Megara Iblea e Lentini: un amore, come dicevo, non può dire alla memoria di fuggire

per sempre da quei luoghi (*Una poetica*, en *Il poeta e il politico e altri saggi*, p. 23-24).

2 Tu hai ascoltato dalla sua voce la mia anima, l'anima della mia gente? Potessi anch'io scendere nel cuore, nel sangue vivo di quel popolo. Per me l'isola è ora nella mitologia, va alla deriva in cerca del suo spazio preciso sulle acque. [...] Io sono qui prigioniero (S. Aleramo - S. Quasimodo, *Lettere d'amore*, p. 57).

3 Tindari, mite ti so / fra larghi colli pensile sull'acque / dell'isole dolci del dio, / oggi m'assali / e ti chini in cuore. // Salgo vertici aerei precipizi, / assorto al vento dei pini, / e la brigata che lieve m'accompagna s'allontana nell'aria, / onda di suoni e amore, / e tu mi prendi / da cui male mi trassi / e paure d'ombre e di silenzi, / rifugi di dolcezze un tempo assidue / e morte d'anima. // A te ignota è la terra / ove ogni giorno affondo / e segrete sillabe nutro: / altra luce ti sfoglia sopra i vetri nella veste notturna, / e gioia non mia riposa / sul tuo grembo. // Aspro è l'esilio. / E la ricerca che chiudevo in te / d'armonia oggi si muta / in ansia precoce di morire: / e ogni amore è schermo alla tristezza, / tacito passo nel buio / dove mi hai posto / amaro pane a rompere. / Tindari serena torna: / soave amico mi desta / che mi sporga nel cielo da una rupe / e io fingo timore a chi non sa / che vento profondo m'ha cercato (*Vento a Tindari*, in *Poesie e discorsi sulla poesia*, p. 10-11).

4 Dormono selve / di verde serene, di vento, / pianure dove lo zolfo / era l'estate dei miti / immobile (*Dormono selve*, in *Poesie e discorsi sulla poesia*, p. 55).

5 Tu vieni nella mia voce [...] // Non mia; ma entro lo spazio riemersa, / in me tremi / fatta buio ed alteza (*Fatta buio ed altezza*, in *Oboe sommerso*, p. 67).

6 Nel nord della mia isola e nell'est / è un vento portato dalle pietre / ad acque amate: a primavera / apre le tombe degli Svevi; / i re d'oro si vestono di fiori (*Sulle rive del Lambro*, en *Nuove poesie*, p. 111-112).

7 Alle sponde odo l'acqua colomba, / Anapo mio; nella memoria geme / al suo cordoglio / uno stormire altissimo. // Sale soavemente a riva, / dopo il gioco coi numi, / un corpo adolescente: // mutevole ha il volto, / sulla tibia al moto della luce / rigonfia un grumo vegetale. // Chino ai profondi lieviti / ripartisce ogni fase, / ha in sè la morte in germe nuziale (*L'Anapo*, en *Erato e Apòllion*, p. 82).

8 Telamoni lugubri, riversi / sopra l'erba. Anima antica, grigia / di rancori, torni a quel vento, annusi / il delicato muschio che riveste / i giganti sospinti giù dal cielo (*Strada di Agrigentum,* en *Nuove poesie,* p. 102).

9 Il telamone è qui, a due passi / dall'Ade (mormorio afoso, immobile), / disteso nel giardino di Zeus e sgretola / la sua pietra con pazienza di verme / nell'aria: è qui, giuntura su giuntura, / fra alberi eterni per un solo seme (*Tempio di Zeus ad Agrigento,* en *Dalla Sicilia,* p. 174-175).

10 Amore di me perduto, / memoria non umana: / sui morti splendono stimmate celesti, / gravi stellati scendono nei fiumi: / s'affoca un'ora di pioggia soave, / o muove un canto in questa notte eterna. // Da anni e anni, in cubicolo aperto / dormo della mia terra, / gli omeri d'alghe contro grigie acque: / nell'aria immota tuonano meteore (*Insonnia. Necropoli di Panatalica,* en *Erato e Apòllion,* p. 87).

11 Odo. Cara la notte ai morti, / a me specchio di sepolcri, / di latomìe di cedri verdissime, / di cave di salgemma, / di fiumi cui il nome greco / è un verso dolce, a ridirlo (*Latomie,* en *Erato e Apòllion,* p. 93).

12 Vediamo le piccole isole dei nostri mari nel filo di ore estive senza vento e come velieri nel groviglio delle tempeste. Così Pantelleria, Lampedusa e le altre. I loro porti sono brevi e vi oscillano barche da pesca o panfili. Sulle rive uomini e donne aspettano la notte legando maglie di reti. [...] In ogni isola si sposta il primo pensiero della mente come ricerca di una nuova natura. Intorno a noi c'è acqua. Una rottura desiderata con la terra, un incontro con ciò che è al di là del nostro giorno (*Invito alle isole,* en *«A colpo omicida» e altri scritti,* p. 33-35).

13 Il vento, a corde, dagli Iblei dai coni / delle Madonie strappa inni e lamenti / sui timpani di grotte antiche come / l'agave e l'occhio del brigante (*Che lunga notte,* en *Dalla Sicilia,* p. 171).

14 Dal ferry-boat ho seguito la curva della città di Messina: all'ingresso del porto, nell'area della cittadella, dorata, su un'alta colonna, guarda una statua del Cristo: non è la prima volta che i messinesi compiono quest'atto di fede. La città battuta dai bombardamenti aerei e in ricostruzione. [...] Il simbolo della pazienza dei messinesi potrebbe essere il filo a piombo. Lo spettacolo di questa città, che è, si può dire, il gradino d'invito di tutta l'isola, è davvero commovente. Anche le antiche messinesi nei canti popolari di guerra «portavano pietra e calcina» per

costruire difese contro gli assalti dei nemici (*Introduzione alla Sicilia*, en «*A colpo omicida» e altri scritti*, p. 35-36).

15 È marzo a spaccati celesti, / l'uomo esce dal suo letto di frasche / e va in cerca di pietra e calcina. / Ha sui capelli Lucifero / che luccica nell'acqua, in tasca un metro / di legno giallo, i piedi nudi, / sa chiudere curve, inclinare spioventi, / squadra, incatena spigoli, capriate. / Operaio e architetto, è solo, / l'asino porta macigni, un ragazzo / li rompe e ne stacca scintille. Lavora / tre quattro mesi prima del vischio / dell'afa e delle piogge, alba e crepuscolo. // Di tutte le mani che alzarono muri / nell'isola, mani greche o sveve / mani di Spagna mani saracene, / muri di solleone e dell'autunno, / di tutte le mani anonime e ornate / di sigilli, vedo ora / quelle che gettarono case / sul mare di Trabia. Linee verticali, / avvolgimenti dell'aria inclinati / dalle foglie dell'acacia e dei mandorli. // Oltre le case, laggiù, fra i lentischi / delle lepri, c'è Solunto morta, / salivo quella collina un mattino / con altri ragazzi lungo / interni silenzi. Dovevo / ancora inventare la vita (*Nell'isola*, en *Dare e avere*, p. 252-253).

IV. Girgenti y Pirandello: «una spoon river mediterránea»
Salvatore Ferlita

¿A qué incauto lector se le ocurriría buscar, en el *Dictionary of Imagninary Places*, la voz dedicada al Agrigento de Luigi Pirandello? Es cierto: el libraco del argentino Alberto Manguel y del italiano Gianni Guadalupi (ed. Lester & Orpen Dennys, Toronto 1980), contempla solamente, como por otra parte dice el título, los lugares inexistentes, esos lugares paridos por la fantasía de los novelistas o los geógrafos de lo improbable: está la Atlántida de Platón y de Conan Doyle, por ejemplo, como también la Bensalem de Francis Bacon. La literatura italiana, en este singular diccionario que tanto gustaba a Borges y a Calvino, sale sin duda muy bien parada con la Albraca de Boiardo o la Zavattinia de *Totò il buono*. Pero no hay ni una sola huella de Agrigento. Ni de Richieri, ni de Montelusa, ni de Costanova, ni de Zunica, nombres de los que Pirandello se sirvió en distintas ocasiones para aludir a la ciudad de los templos. Por no hablar de Miragno, lugar donde tiene lugar la acción del *Fu Mattia Pascal*, situado en una región que probablemente coincide con la Liguria. Hay que decir que, de acuerdo con los criterios adoptados por los redactores del repertorio geográfico antes citado, los lugares reales han sido excluidos. Como sucede también con los nombres imaginarios utilizados por los novelistas para representar localidades existentes o en todo caso verosímiles. De ahí, pues, la ausencia justificada de Agrigento y la desilusión, también ésta legítima, de nuestro imprudente lector. Porque, como veremos más adelante, si es verdad que Richieri-Montelusa-Miragno-Costanova corresponden a la ciudad de los templos, también es cierto que entre la Girgenti de Pirandello y la verdadera Girgenti, la que luego será llamada Agrigento, hay, naturalmente, un buen trecho. Un quiebro *imaginífico*, un residuo mitopoético que se sitúa a mitad de camino entre la memoria y la invención, entre el recuerdo y la ficción. En este sentido, podríamos decir que Girgenti es a Pirandello lo contrario de lo que Macondo es a García Márquez, puesto que Macondo es un lugar imaginario, un lugar de fábula, pero corresponde a Aracataca, es decir, a ese pequeño centro de la costa colombiana, en esa parte del mundo llamada Caribe, donde nació el autor de *Cien años de soledad*. En el caso de Richieri-Montelusa, la posibilidad de reconocer los lugares se impone inmediatamente, junto a unas precisas alusiones a cosas, personas o hechos fácilmente reconocibles, si se refieren a la realidad de Agrigento, a su historia. Pero la exactitud del dato geográfico en Pirandello se da, aunque no siempre, sólo al principio, es decir, en la escritura narrativa, especialmente cuando se trata de los relatos. Sin embargo, cuando se trata del teatro, todo se esfuma. Las fronteras reales se desvanecen. Se abre camino una geografía universal, una especie de ontología de los lugares, que hace de Pirandello un dramaturgo del errar: errar físico, como el de Rosso de San Secondo. Y metafísico. Pero dejemos momentáneamente de lado el *Dictionary of Imagninary Places,* para hojear en cambio el *Alfabeto pirandelliano* de Leonardo Sciascia. Esta vez la ciudad de los templos se materializa delante de nuestros ojos, no en la letra A, sino en la G.

> Girgenti. Agrigento desde 1927... Allí nació Pirandello, en la aldea de Caos (los nombres siguen a las cosas, pero también las cosas siguen a los nombres) el 28 de junio de 1867. Allí pasó su infancia y su adolescencia. Desde joven, y hasta los primeros años de su matrimonio, volvía allí cada verano; luego mucho más raramente. Y cada vez que volvía, su fantasía se empapaba de los hechos grotescos y piadosos que allí sucedían y que familiares y amigos contaban y que iban a engrosar, a sumarse a todos aquellos que vivían poderosamente en su memoria. Hasta la Segunda Guerra Mundial Girgenti era la de su infancia, con personajes cuyo amor propio, paroxístico e hipertrófico, impulsaba a los confines de la locura, brillantes conocedores lúcidos de sus propios sentimientos y sus propias desgracias, capturados hasta el delirio por la pasión del «razonar» aún más que por la pasión por la mujer y las cosas, concentrados en defender obsesivamente la apariencia de su ser, frente a los otros y a veces frente a

sí mismos –o llamados de pronto a deshacerse de las apariencias, a elegirse «hombres solos», «criaturas» en el flujo de la vida. Personajes en busca de autor» (*Alfabeto pirandelliano*).[1]

Hasta aquí, Sciascia. Agrigento, pues, como un inmenso depósito para la fantasía de Pirandello. Como un inagotable pozo del que sacar anécdotas, historietas, habladurías. Como fondo, es cierto, pero sobre todo, como vector narrativo sin el cual no podríamos imaginar las obras de Pirandello. Mejor aún: si los mapas no hubieran probado la existencia de la ciudad de los templos, el autor de *I vecchi e i giovani* habría creado ciertamente un microuniverso propio, llamándolo con un nombre cualquiera, pero dibujándolo probablemente con las fronteras, las casas, el paisaje y el mar de la verdadera Agrigento. En el origen de la vocación literaria de Pirandello se encuentra pues un vínculo visceral, una especie de cordón geográfico y del alma: «Una noche de junio caí, como una luciérnaga, bajo un gran pino solitario en un campo de olivos sarracenos que se asomaba al borde de un altiplano de arcillas azules sobre el mar africano».

Un vínculo, no obstante, amenazado continuamente por el demonio inminente de la expatriación, de un éxodo metafísico. Del repentino desarraigo, como se puede deducir del relato *Una giornata*:

> Arrancado al sueño, tal vez por equivocación, y arrojado fuera del tren en una estación de paso. De noche; sin nada conmigo. No logro recuperarme de mi aturdimiento. Pero lo que más me impresiona

es que no me encuentro ninguna señal de la violencia sufrida. Y no sólo eso, sino que no guardo ni siquiera una imagen, ni siquiera la sombra confusa de un recuerdo. Me encuentro en el suelo, solo, en las tinieblas de una estación desierta; y no sé a quién dirigirme para saber lo que me ha sucedido, dónde estoy. He entrevisto solamente una linternita ciega, llegada para cerrar la puerta del tren del que yo fui expulsado. El tren volvió a partir inmediatamente. Y aquella linternita, con la reverberación de su vana luz, desapareció de pronto dentro de la estación. En medio de mi aturdimiento, ni siquiera se me pasó por la cabeza correr tras él para pedir explicaciones y poner una reclamación. ¿Pero una reclamación de qué? Con un infinito abatimiento me doy cuenta de que no recuerdo haber subido a ningún tren. No recuerdo en absoluto de dónde salí ni adónde me dirijo y si verdaderamente, al salir, llevaba conmigo alguna cosa. Me parece que nada. En el vacío de esta horrible incertidumbre, inmediatamente me asalta el terror de aquella espectral linternita ciega que se retiró inmediatamente, sin hacer ningún caso de mi expulsión del tren. ¿Será pues la cosa más normal del mundo que se baje así en esta estación? (*Una giornata*).[2]

Y, sin embargo, incluso con esta carga de mitopoiesis, la Agrigento de Pirandello surge con fuerza de sus novelas y de sus cuentos, hasta representar de entrada, para la ciudad de los templos, casi una verdadera fe de vida. La Girgenti en la que el escritor ambientará tanto sus novelas como una gran parte de sus cuentos. Y como ha puesto ya de relieve Andrea Camilleri, en los cuentos de Pirandello no aparece nunca ni la más leve alteración de los lugares. Uno de ellos, titulado *Il vitalizio*, «contiene probablemente menos errores que un callejero de la época. Y lo mismo sucede con las novelas. En *Il turno*, la descripción del camino recorrido para llegar a los Templos parece sugerida por una guía turística» (Camilleri, *Realtà, invenzione e memoria dei luoghi letterari*). Hay una precisión protocolaria en las descripciones de los lugares realizadas por Pirandello. Basta hojear cuentos como *Scialle nero, Il vitalizio, Tutt'e tre, La Madonnina, Il berretto a sonagli, La giara, La sagra del Signore della nave, L'Ave Maria di Bobbio, La casa del Granella, La veste lunga, Tonache, Lo storno e L'Angelo Centuno*, pero también la novela *Uno, nessuno, centomila*, para darse cuenta de ello. «No escribía sus novelas. Las recorría». Esta puntualización del premio Nobel Elias Canetti, recogida en *La tortura delle mosche*, se adapta bastante bien a nuestro discurso sobre los lugares de Pirandello.

Hay que decir, sin embargo, que la Agrigento pirandelliana se configura en sus páginas como una ciudad tenebrosa, casi tétrica. Una especie de ciudadela, una fortaleza amenazadora. Inaccesible y poco hospitalaria. A partir de la descripción del barrio del Rabato, en la parte alta de la ciudad:

> Así pensando, alzó los ojos a Girgenti que se asentaba alta en la colina con sus viejas casas doradas por el sol, como en un escenario, y buscó en el arrabal Rabato, que parecía el brazo en el que se apoyaba largamente extendida, a ver si conseguía vislum-

brar el pequeño campanario de Santa Croce, que era su parroquia. Tenía allí una casita, donde habría cerrado los ojos para siempre [...]. Se volvía a ver como un chico, arrastrado por la mano de su madre y subiendo por todas aquellas callejuelas en pendiente, empedradas como lechos de torrentes, y todas a la sombra, oprimidas por los muros de las casas siempre adosadas, con aquel poco de cielo que se podía ver desde la estrechez de los muros, doblando el cuello, y que además ni siquiera podía ver, cegados los ojos por la luz que resplandecía en los altos canalones, hasta que llegaba a la Llanura de San Girolamo, arriba en la cima de la colina. Pero llegado allí arriba, de toda la ciudad no se distinguía más que los techos *(Il vitalizio*, p. 717).[3]

Las cosas no cambian cuando la mirada del autor pasa del Rabato a la cercana Bibirria:

La casa se alzaba en el barrio más alto de la ciudad, en lo alto de la colina. La ciudad tenía abajo una puerta, cuyo nombre árabe, muy extraño en la pronunciación popular, Bibirria, quería decir puerta de los vientos. Fuera de esta puerta había una esplanada de tierra, y aquí se alzaba la casa solitaria del Granella. De frente tenía sólo un almacén abandonado, cuyo portón enmohecido y desencajado ya no conseguía cerrarse bien, y donde sólo de vez en cuando algún carretero se aventuraba a pasar la noche cuidando del carro y de la mula. Una sola lamparita de petróleo alumbraba a malas penas, en las noches de luna, el claro de tierra. Pero, a dos pasos, de este lado de la puerta, el barrio era muy popular, incluso oprimido por demasiadas casas (*La casa del Granella*, p. 91).[4]

Una casa solitaria, que trae a la memoria la casita que blanquea en la noche, descrita por Collodi en su *Pinocho*. Estamos en una perfecta atmósfera hoffmanniana y, ciertamente, no faltan los fantasmas en el cuento de Pirandello. Aquí el humorismo de Pirandello empieza a presentar algunos tintes negros. Pero ahora apartémonos un poco para mirar al Obispado:

> Desde que el Obispado se alzaba como una lúgubre fortaleza en lo alto de la ciudad, todos los obispos habían bajado siempre en un bonito coche de tiro de dos caballos, con jaeces rojos y penachos [...]. Monseñor Partanna me recibió en el amplio salón de la antigua cancillería del Palacio Episcopal. Siento aún en la nariz el olor de aquella sala de tétrico techo pintado al fresco, pero tan cubierto de polvo que casi no se veía ya nada. Las altas paredes de amarillento encalado estaban repletas de viejos retratos de prelados, cubiertos también de polvo y alguno incluso de moho, colgados aquí y allá sin orden ni concierto, por encima de armarios y estanterías descoloridos y carcomidos. En el fondo de la sala dos ventanales abiertos, cuyos cristales, de una tristeza infinita contra el vacío del cielo cubierto, eran sacudidos de continuo por el viento que se

había levantado de improviso, fortísimo: el *terrible* viento de Richieri que trae la *angustia* a todas las casas [cursiva mía] (*Uno, ninguno y cien mil*, p. 196-198).⁵

En aquella tétrica fortaleza se encuentra la biblioteca Lucchesiana, fundada por monseñor Andrea Lucchesi-Palli, conde de Campofranco y obispo de Girgenti, evocada de forma «caricatural, irónica y mordaz» (*Fatti diversi di storia letteraria e civile*, p. 610), por decirlo con palabras de Séneca, en las primeras páginas del *Fu Mattia Pascal*. «Se había convertido en una explosiva fantasía –aquí vuelve de nuevo Sciascia– de un germen que era». Hasta el punto de convertirse en la biblioteca municipal de Miragno.

> Fui, durante unos dos años no sé si vigilante de libros o más bien cazador de ratas en la biblioteca que un tal monseñor Boccamazza, en 1803, legó al morir a nuestro Ayuntamiento. Está claro que este Monseñor debió de conocer poco el talante y las costumbres de sus conciudadanos; o quizá esperaba que su legado, con el tiempo y la oportunidad, debiera encender en aquellos ánimos el amor por el estudio. Hasta ahora –puedo dar fe de ello– no se ha encendido: y lo digo sin sombra de reproche hacia mis paisanos. El propio ayuntamiento se mostró tan poco agradecido con la donación de Boccamazza que no tuvo el detalle tan siquiera de erigirle una estatua de medio busto, y dejó los libros muchos, muchísimos años amontonados en

un almacén, espacioso y húmedo, de donde luego los sacó, imaginaos en qué estado, para cobijarlos en la apartada ermita de Santa María Liberal, que no sé por qué razón ya no estaba destinada al culto. Ahí decidió sin más confiarlos, a título de beneficio y con carácter de sinecura, a algún holgazán bien relacionado que, por dos liras al día, dedicándose a mirarlos, o incluso sin mirarlos para nada, estuviese dispuesto a soportar durante unas horas su tufo a rancio y a moho (*El difunto Matías Pascal*, p. 68).[6]

Y es necesario decir que el traslado provisional de los libros a una iglesia desacralizada está también en la historia de la Lucchesiana.

Si luego se pasa del Obispado al monasterio del Santo Spirito, en un recorrido ideal que atraviesa la ciudad desde la cima hasta el fondo, siempre pesa la misma atmósfera oscura, tenebrosa, con un sentido de descomposición, de *cupio dissolvi* que parece impregnarlo todo:

Por una de las pendientes callejuelas del viejo Richieri, malolientes por el día a causa de los restos de basura podrida, me fui a la abadía. Cuando se está acostumbrado a vivir de una determinada manera, ir a algún lugar insólito y advertir en el silencio como una sospecha de que hay algo misterioso para nosotros, por lo que, aun estando allí presente, nuestro espíritu está condenado a permanecer lejos, despierta una angustia indefinida, porque pensamos que, de poder penetrar en él, acaso nuestra vida se abriría, quien sabe a qué nuevas sensaciones, hasta el punto de que nos parecería vivir en otro mundo. Aquella abadía, antes castillo feudal de los Chiaramonte, con su portón bajo enteramente carcomido, y el amplio patio con su pozo en medio, y aquella escalera gastada, oscura y crujiente, que tenía el aire frío de las cavernas, y aquel ancho y largo corredor con muchas puertas a ambos lados, y los ladrillos rojos del suelo rehundido que relucían a la luz del ventanal que se abría en el fondo al silencio del cielo, había acogido en él y sido testigo de tantos acontecimientos y aspectos de la vida [...]. El locutorio estaba a oscuras, tanto que al principio me fue imposible ver nada más que la reja al fondo, apenas entrevista a la escasa luz que había entrado por la puerta al abrirse. Me quedé de pie esperando; y quién sabe cuánto habría esperado si por fin una débil voz desde la reja no me hubiera invitado a sentarme, pues Anna Rosa no iba a tardar en subir de la huerta (*Uno, ninguno y cien mil*, p. 184-185).[7]

A este propósito, viene a la mente la «cámara de las torturas» de la que habla Giovanni Macchia: aquella habitación que en los castillos medievales provoca en los visitantes tensión y temor, y que reaparece como interior burgués en el teatro de Pirandello así como en algunos de sus cuentos. En ésta encuentra Macchia, secuestrados del mundo, «martirizados por sí mismos o por sus perseguidores», a los personajes más memorables del escritor siciliano. Personajes obligados a moverse en un escenario que da miedo, como se deduce del íncipit de *I vecchi e i giovani*:

La lluvia, caída durante la noche en forma de diluvio, había dejado impracticable el largo camino vecinal, formado por vueltas y revueltas como si buscara repechos menos penosos y cuestas menos empinadas. A causa de la intemperie el destrozo se manifestaba todavía más doloroso, puesto que, a un lado y a otro, se hacía evidente el desprecio, e incluso la desairada atención del que había trazado y construido la pista para facilitar el paso entre las asperezas de aquellos parajes con recodos y zigzag, y algunas obras, bien de contención, bien de protección; los apoyos se habían derrumbado, las protecciones derribado para dar paso a atajos escarpados. En el lívido amanecer seguía lloviznando a retazos, entre el viento que soplaba gélido en ráfagas de poniente. Y con cada ráfaga, era como si un estremecimiento recorriera los límites del pueblo que, poco a poco, acaba de emerger resentido por las *lóbregas* y húmedas sombras de la tormentosa noche, desde la alta y opaca ciudad, sobre la colina, hasta los valles, los cerros, las llanuras erizadas aún ennegrecidas estopas, hasta el mar allá abajo, turbulento y muy movido. La lluvia y el viento aparecían como una obstinada crueldad del cielo, dominando la desolación de las últimas elevaciones de Sicilia sobre las que Girgenti, por encima de las miserables ruinas de su antiquísima vida allí reunidas, se levantaba silenciosa y atónita superviviente en el vacío de un tiempo sin vivencias, en el abandono de una miseria sin amparo [cursiva mía] (*Viejos y jóvenes*, p. 43-44).[8]

Intentemos recapitular. Como una «tétrica fortaleza», ante los ojos de Pirandello se recorta el Obispado, con su «tétrico techo», y sus ventanales de una «tristeza» infinita, azotados por el «terrible viento» de Richieri, es decir, de Girgenti: un viento obsesivamente presente en las cartas del escritor agrigentino. Y lo mismo puede decirse del monasterio del Santo Spirito. Y como si todo eso no bastara, sobre las casas de la ciudad se extienden amenazadoras y «tenebrosas sombras» en la «noche tempestuosa»; y el viento se convierte en un «escalofrío» que lo atraviesa todo, en un temblor metafísico.

En el corpus de sus cuentos, algunos están ambientados en Porto Empedocle, el segundo polo imaginativo de la metatopografía pirandelliana. Se trata de un gran asentamiento que se asoma «a una franja de playa del mar africano», apodada a menudo por Pirandello Vignetta, o Nisia:

> Nisia, cuando ha querido crecer, ha tenido que trepar, una casa sobre otra, por las ásperas margas del cercano altiplano, el cual, un poco más allá del burgo, se desploma amenazador sobre el mar [...]. Habría podido extenderse libremente por este altiplano vasto y airoso, pero entonces se habría alejado de la playa. Tal vez alguna casa, colocada por fuerza allá arriba, un buen día, bajo el sombrero de las tejas y apretada en el chal de su enlucido, se habrá visto bajar como una oca a la playa. Porque allí, sobre la playa, la vida apremia. Los de Nisia han situado el cementerio en el altiplano. Allí abajo, el respiro es para los muertos. –Allí respiraremos– dicen los de Nisia. Y dicen eso porque abajo, en la playa, no se

respira; en medio del tráfico tumultuoso y polvoriento del azufre [...]. Si quieren respirar deben ir arriba; allí van cuando mueren y se imaginan que, una vez muertos, podrán respirar. Es un hermoso consuelo (*Il libretto rosso*, p. 897).[9]

Sobre Porto Empedocle gravita un «triste ruido húmedo y agrio» y el humo, que «se estanca en aquellas madrigueras y ennegrece techos y paredes». A los ojos de Pirandello, el pueblo marinero se configura como «un maremagno de sol y azufre», «un infierno terriblemente sugestivo, prepotente y enemigo», escribe Gaspare Giudice. «Un infierno dominado por el castillo sobre el mar, la torre de Carlos V, la cárcel borbónica «cuadrada y tenebrosa» donde se encerraba a los galeotes condenados a trabajos forzados». De nuevo una fortaleza oscura y amenazadora. La geografía del azufre en Pirandello debe ser completada luego con las minas de Comitini y con las de Aragona, siempre en la provincia de Girgenti. De ellas surge un mapa infernal, una especie de topografía de los abismos, donde se consuma una vida maldita. Una vida bajo tierra, vivida del mismo modo que la de «tantos muertos atareados».

El escenario de las obras de Pirandello se completa con el Caos, un suburbio de nombre misterioso, evocador y paradigmático, en el que se alza la casa del dramaturgo agrigentino:

> Así pues, yo soy hijo del Caos; y no alegóricamente, sino en una justa realidad, puesto que nací en un campo nuestro que se encuentra junto a un intrincado bosque denominado, en forma dialectal,

Càvusu por los habitantes de Girgenti [...] corrupción dialectal del genuino y antiguo vocablo Xàos (*Frammento d'autobiografia*, 1893). [10]

Y luego, el Valle:

> Algunas noches, mientras contemplaba desde el paseo solitario, a la salida de la ciudad, el grandioso espectáculo de los campos que se extendían abajo y el mar al fondo iluminado por la luna, se sentía presa de determinados sueños, angustiado por determinadas melancolías. En aquellos campos, una ciudad desaparecida, Agrigento, ciudad fastuosa, rica en mármoles, espléndida, y muelle de sabios ocios. Crecían ahora allí los árboles en torno a los dos templos antiguos, los únicos supervivientes; y su rumor misterioso se fundía con el murmullo continuo del mar en la distancia y con un sonoro tremolar incesante, que parecía emanar de la tenue luz de la luna en la abandonada quietud, y que no era otra cosa que el canto de los grillos, en medio del cual se dejaba oír de vez en cuando el *chiú* lastimero de un búho (*El turno*, p. 19-20).[11]

El Valle, pues, con sus templos, «que se recogían austeros y solemnes en la sombra», «supervivientes de otro mundo y de otra vida», «espectros de otro mundo y de otra vida» (*I vecchi e i giovani*, p. 106).

Comenzando por el templo de la Concordia, «íntegro aún, aéreo sobre el terraplén y abierto con su majestuoso peristilo a la vista del bosque de almendros y olivos» (*Il turno*, p. 59); por no hablar del de Hera Lacinia, «suspendido allí abajo, casi en el precipicio sobre el barranco del Akragas» (*I vecchi e i giovani*, p. 85). Y también la Colimbetra, «la antigua y famosa Colimbetra akragantina», en el punto más bajo de la meseta, donde tres vallecitos se unen y las rocas se dividen y la línea del áspero terraplén, sobre el que surgen los Templos, está interrumpida por una ancha abertura». En aquel lugar, «los akragantinos, cien años después de la fundación de su ciudad, habían formado la pesquería, una gran cuenca de agua que se extendía hasta el Hypsas y cuyo dique se unía con el río en la fortificación de la ciudad» (*Ibidem*). Y también la Roca Atenea:

> «Ésta, ¿no es cierto? La colina akrea» dijo. «Aquella de arriba, nuestra famosa Roca Atenea. Bien». Polibio dice: «La parte alta (la ciudadela, la denominada Acrópolis, en resumidas cuentas) domina la ciudad, ¡fíjese bien!, en correspondencia con los orientes estivales». Ahora, diga usted: ¿por dónde sale el sol en verano? ¿Tal vez por la colina donde se encuentra Girgenti? ¡No! Sale por allí, por la Roca. Y por tanto allí arriba, en todo caso, estaba la Acrópolis, y no sobre la actual Girgenti, como quieren estos doctorcitos alemanes. La colina de Girgenti quedaba fuera del perímetro de las antiguas murallas. ¡Lo demostraré [...] lo demostraré! Que sitúen allí arriba Camìco... el palacio real de Cicale [...] Omface [...] lo que quieran [...] ¡Pero la Acrópolis, no! Y apartó con la mano a Girgenti, que se veía por un momento, allí arriba, a la izquierda de la Roca, más baja (*Ibidem*, p. 90).[12]

Pero concentrémonos de nuevo en Agrigento y en su carácter central dentro de la producción pirandelliana, dando de nuevo la palabra a Leonardo Sicascia: «Lo que Debenedetti llama «el lugar de las metamorfosis» es en Pirandello, antes que el teatro, Girgenti». Con esta sibilina reflexión, el escritor de Racalmuto cierra la entrada de su *Alfabeto pirandelliano* dedicada a la ciudad de los templos. Para comprender algo más, para descifrar el enigma de esta afirmación, es necesario consultar otra obra de Sciascia, *Pirandello e la Sicilia*: «El teatro es para Pirandello 'el lugar de la metamorfosis que, en cuanto se toca, consuma la transformación de las criaturas en personajes'». Pero se puede decir que Pirandello llega al verdadero teatro por la exigencia de estilizar, de absorber en una técnica y en un medio de expresión, de definir de una vez por todas, ese lugar de la metamorfosis que es Girgenti». El mismo proceso, dice Sciascia, parece animar a Edgar Lee Masters, en el intento de representar la vida de una pequeña ciudad americana. Un intento que al comienzo había creído poder realizar en la novela: «Pero la novela podía expresar Spoon River hasta un cierto punto; al igual que sólo hasta un cierto punto podía servirle a Pirandello para expresar a Girgenti» (*Alfabeto pirandelliano*, p. 479). De ahí la exigencia de que el lugar de la metamorfosis se convirtiera en un «lugar convenido», «en donde *las* verdades –y no *la* verdad– de los personajes pudieran declinarse en una nueva *unidad* dramática» (*Ibidem*). Así pues, para Pirandello, el teatro; para Edgar Lee Masters, un cementerio.

Pero en este punto, lo que más le interesa subrayar a Sciascia es la semejanza entre Girgenti y Spoon River: lugares de conflicto «entre vida y forma, entre personajes y criaturas». En ese sentido, para Sciascia, Girgenti se convierte en una «Spoon

River mediterránea», en el elemento catalizador de la fantasía pirandelliana. La ciudad pierde su connotación específica, convirtiéndose en un escenario. Los lugares físicos se convierten en lugares del alma. Y el Obispado parece dejar sitio a la Villa de los desafortunados, donde habita el mago Cotrone, quien, en *I giganti della montagna*, obra testamentaria de Pirandello, en un determinado momento exclama:

> ¡Luciérnagas! Las mías. De mago. Estamos aquí como en los bordes de la vida, Condesa. Los bordes, con una orden, se alejan, entra el invisible: se evaporan los fantasmas. Es una cosa natural. Ocurre aquello que normalmente ocurre en el sueño. Yo hago que ocurra en la vigilia. Es todo. Los sueños, la música, los rezos, el amor [...] todo lo que hay en los hombres, lo encontrará dentro y en torno a esta villa (*I giganti della montagna*).[13]

Y volvamos al punto de partida de este discurso nuestro: o sea la relación entre la Agrigento real y la Girgenti de Pirandello; a la correspondencia entre los espacios físicos y los espacios mentales. A la embarazosa encrucijada de la geografía efectiva y de la imaginaria (a este propósito, he aquí lo que escribe Pirandello en el relato titulado *Rimedio: la geografía*):

> Eso es. Nada más que esta certeza de una realidad de vida en otro lugar, lejana y distinta, para contraponerla, una y otra vez, a la realidad presente que oprime; pero así, sin nexo alguno, ni siquiera como contraste, sin intención alguna, como una cosa que

es porque es, y que vosotros no podéis impedir que sea. Éste es el remedio que os aconsejo, amigos míos. El remedio que yo me encontré inopinadamente aquella noche (*Novelle per un anno*, p. 120).[14]

A la exuberancia mitopoiética de ciertos lugares, al ímpetu visionario de quien los mira y de quien luego los materializa en la página. Tal vez alterándolos, como sucede en la novela *I vecchi e i giovani*, ambientada principalmente en Girgenti y en Roma. En esta obra, en efecto, como ha observado ya Andrea Camilleri, Pirandello lleva a cabo numerosas alteraciones del paisaje urbano:

> La sucesión de las calles, tan meticulosamente reflejada en *Il turno*, aquí es notablemente descompuesta y reconstruida; para permitir que dos villas se puedan mirar la una a la otra hace desaparecer toda una colina y una plaza que no existe es oportunamente colocada por necesidades de la narración. Como se sabe, hay cambios sustanciales, pero impresionan por su absoluta falta de fidelidad a los lugares, reflejados sin embargo siempre fielmente en otras obras (Camilleri, *op. cit*).[15]

Ésta si que es una burla pirandelliana: en su llamada novela «histórica», el autor disminuye la precisión topográfica con la que habitualmente describe los lugares de la acción. Esto, para decir que cuando se acerca el paisaje físico al paisaje de papel, la memoria a la invención, hay que tener en cuenta las divergencias, hasta los desvíos más imperceptibles. Con mayor motivo en el caso de Pirandello, puesto que su Girgenti, a menudo meticulosamente rediseñada, se vuelve un medio físico y metafísico para el gran salto de la narrativa al teatro. Se convierte en una especie de dinamo, geográfica e imaginaria, capaz de alimentar la transformación y al mismo tiempo la renovación de la palabra pirandelliana. Así pues, si a un lector imprudente se le ocurriera verdaderamente buscar, en el diccionario de los lugares imaginarios, la entrada dedicada a la ciudad de los templos, junto a la sorpresa y al temor debería suceder un siniestro presentimiento: que Agrigento sea, en realidad, una invención de Pirandello. Al memos esa Girgenti tenebrosa, negruzca, amenazadora como una fortaleza inaccesible y tétrica. Un escenario perfecto para sus dramas. Un fondo metafísico para su universo de dolor.

Textos de referencia

L. Pirandello, *Il turno* (1902) Oscar Mondadori, Milano 1986.
L. Pirandello, *Il Fu Mattia Pascal*, (1904) Oscar Mondadori, Milano 1985.
L. Pirandello, *I vecchi e i giovani*, (1909) Oscar Mondadori, Milano 1987.
L. Pirandello, *Uno, nessuno, centomila* (1926) Oscar Mondadori, Milano 2004.
L. Pirandello, *Il meglio dei racconti*, Oscar Mondadori, Milano 1993.
L. Pirandello, *Novelle per un anno* (1922-1937) Grandi tascabili economici Newton, Roma 1994.
L. Pirandello, *I giganti della montagna*, Mursia, Milano 1972.
A. Camilleri, *Realtà, invenzione e memoria dei luoghi letterari*, «Sicilia» nº 2, febbraio-maggio 2001.

Traducciones de referencia

L. Pirandello, *Uno, ninguno y cien mil*, traducción de J. R. Monreal, Acantilado, Barcelona 2004.
L. Pirandello, *El difunto Matías Pascal*, edición y traducción de M. Edo, Cátedra, Madrid 1998.
L. Pirandello, *Viejos y jóvenes*, traducción de M. T. Navarro Salazar, Gredos, Madrid 2006.
L. Pirandello, *El turno*, traducción de J. R. Monreal, Ediciones del Bronce, Barcelona 1999.

Notas

1 Girgenti. Agrigento dal 1927 [...] Pirandello vi nacque, nella contrada Caos (i nomi sono conseguenti alle cose, ma pure le cose sono conseguenti ai nomi), il 28 giugno del 1867. Vi passò l'infanzia e l'adolescenza; da giovane, e fino ai primi anni del matrimonio, vi tornava a ogni estate; poi più raramente. E ad ogni ritorno la sua fantasia si inzuppava dei fatti grotteschi e pietosi che vi accadevano e che familiari ed amici raccontavano: e andavano a infoltire, ad affollare, quelli che nella sua memoria prepotentemente vivevano. Fino alla seconda guerra mondiale Girgenti era quella della sua infanzia, con personaggi che l'amore di sè, parossistico, ipertrofico, spingeva ai confini della follia: lucidi notomizzatori dei propri senti-

menti e dei propri guai, presi fino al delirio dalla passione del «ragionare» ancor più che da quella per la donna e per la roba, intenti a difendere ossessivamente il loro apparire dal loro essere, di fronte agli altri e a volte di fronte a se stessi – o improvvisamente vocati a sciogliersi dalle apparenze, ad eleggersi «uomini soli», «creature» nel flusso della vita. Personaggi in cerca d'autore» (*Alfabeto pirandelliano*, p. 479).

2 Strappato dal sonno, forse per sbaglio. e buttato fuori dal treno in una stazione di passaggio. Di notte; senza nulla con me. Non riesco a riavermi dallo sbalordimento. Ma ciò che più mi impressiona è che non mi trovo addosso alcun segno della violenza patita; non solo, ma che non ne ho neppure un'immagine, neppur l'ombra confusa d'un ricordo. Mi trovo a terra, solo, nella tenebra d'una stazione deserta; e non so a chi rivolgermi per sapere che m'è accaduto, dove sono. Ho solo intravisto un lanternino cieco, accorso per richiudere lo sportello del treno da cui sono stato espulso. Il treno è subito ripartito. È subito scomparso nell'interno della stazione quel lanternino, col riverbero vagellante del suo lume vano. Nello stordimento, non m'è nemmeno passato per il capo di corrergli dietro per domandare spiegazioni e far reclamo. Ma reclamo di che? Con infinito sgomento m'accorgo di non aver più idea d'essermi messo in viaggio su un treno. Non ricordo più affatto di dove sia partito, dove diretto; e se veramente, partendo, avessi con me qualche cosa. Mi pare nulla. Nel vuoto di questa orribile incertezza, subitamente mi prende il terrore di quello spettrale lanternino cieco che s'è subito ritirato, senza fare alcun caso della mia espulsione dal treno. È dunque forse la cosa più normale che a questa stazione si scenda così? (*Una giornata*, p. 1053).

3 Alzò gli occhi, cosi pensando, a Girgenti che sedeva alta sul colle con le vecchie case dorate dal sole, come in uno scenario; e cercò nel sobborgo Rabato, che pareva il braccio su cui s'appoggiasse così lunga sdraiata, se gli riusciva scorgere il campaniletto di Santa Croce, ch'era la sua parrocchia. Aveva là preso un casalino, dove avrebbe chiuso gli occhi per sempre.[...] Si rivedeva ragazzetto, trascinato per mano dalla madre e su su per tutti quei vicoli a sdrucciolo, acciottolati come letti di torrenti, e tutti in ombra, oppressi dai muri delle case sempre a ridosso, con quel po' di cielo che si poteva vedere nello stretto di essi, a storcere il collo, che poi nemmeno si riusciva a vederlo, abbagliati gli occhi dalla luce che sfolgorava dalle grondaie alte; finchè non arrivava al Piano di San Gerolamo su in cima alla collina. Ma arrivato lassù, di tutta la città non scorgeva altro che tetti (*Il vitalizio*, p. 717).

4 La casa sorgeva nel quartiere più alto della città in cima al colle. La città aveva lassù una porta, il cui nome arabo, divenuto stranissimo nella pronuncia popolare, Bibirria, voleva dire porta dei venti. Fuori di questa porta era un largo spiazzo sterrato; e qui sorgeva solitaria la casa del Granella. Dirimpetto aveva soltanto un fondaco abbandonato, il cui portone imporrito e sgangherato non riusciva più a chiudersi bene, e dove solo di tanto in tanto qualche carrettiere s'avventurava a passar la notte a guardia del carro e della mula. Un solo lampioncino a petrolio stenebrava a mala pena, nelle notti di luna, quello spiazzo sterrato. Ma, a due passi, di qua dalla porta, il quartiere era popolarissimo, oppresso anzi di troppe abitazioni (*La casa del Granella*, p. 91).

5 Dacché il Vescovado sedeva come una *tetra* fortezza in cima alla città, tutti i vescovi erano sempre scesi in una bella carrozza con l'attacco a due, gale rosse e pennacchi[...]. Monsignor Partanna mi ricevette nella vasta sala dell'antica cancelleria nel Palazzo Vescovile. Sento ancora nelle narici l'odore di quella sala dal *tetro* soffitto affrescato, ma così coperto di polvere che quasi non vi si scorgeva più nulla. Le altre pareti dell'intonaco ingiallito erano ingombre di vecchi ritratti di prelati, anch'essi bruttati dalla polvere e qualcuno anche dalla muffa, appesi qua e là senz'ordine, sopra armadi e scansie stinte e tarlate. In fondo alla sala s'aprivano due finestroni, i cui vetri, d'una tristezza infinita sulla vastità del cielo velato, erano scossi continuamente dal vento che s'era levato d'improvviso, fortissimo: il *terribile* vento di Richieri che mette l'*angoscia* in tutte le case [cursiva mía] (*Uno, nessuno, centomila*, p. 145).

6 Fui, per circa due anni, non so se più cacciatore di topi che guardiano di libri, nella biblioteca che un monsignor Boccamazza, nel 1803, volle lasciar morendo al nostro Comune. È ben chiaro che questo Monsignore dovette conoscer poco l'indole e le abitudini de' suoi concittadini; o forse sperò che il suo lascito dovesse col tempo e con la comodità accendere nel loro animo l'amore per lo studio. Finora, ne posso rendere testimonianza, non si è acceso: e questo dico in lode de' miei concittadini. Del dono anzi il Comune si dimostrò così poco grato al Boccamazza, che non volle neppure erigergli un mezzo busto pur che fosse, e i libri lasciò per molti e molti anni accatastati in un vasto e umido magazzino, donde poi li trasse, pensate voi in quale stato, per allogarli nella chiesetta fuori mano di Santa Maria Liberale, non so per quale ragione sconsacrata. Qua li affidò, senza alcun discernimento, a titolo di beneficio, e come sinecura, a qualche sfaccendato ben protetto il quale, per due lire al giorno, stando a guardarli, o anche senza guardarli affatto, ne avesse sopportato per alcune ore il tanfo della muffa e del vecchiume (*Il fu Mattia Pascal*, p. 48).

7 Per una delle straducole a sdrucciolo della vecchia Richieri durante il giorno appestate dal lezzo della spazzatura marcita, andai su alla Badia. Quella Badia, già castello feudale dei Chiaramonte, con quel portone basso tutto tarlato e la vasta corte con la cisterna in mezzo, e quello scalone consunto, cupo e rintronante, che aveva il rigido delle grotte, e quel largo e lungo corridojo con tanti usci da una parte e dall'altra e i mattoni rosi del pavimento avvallato che lustravano alla luce del finestrone in fondo aperto al silenzio del cielo, tante vicende di casi e aspetti di vita che aveva accolto in sé e veduto passare[...]. Il parlatorietto era buio, tanto che in prima non potei discernervi altro che la grata in fondo appena intravista alla poca luce entrata dall'uscio nell'aprirlo. Rimasi in piedi, in attesa; e chissà quanto ci sarei rimasto se alla fine una fievole voce dalla grata non mi avesse invitato ad accomodarmi ché presto Anna Rosa sarebbe venuta su dall'orto (*Uno, nessuno, centomila*, p. 135).

8 La pioggia, caduta a diluvio durante la notte, aveva reso impraticabile quel lungo stradone di campagna, tutto a volte e risvolte, quasi in cerca di men faticose erte e di pendìi meno ripidi. Il guasto dell'intemperie appariva tanto più triste, in quanto, qua e là, già era evidente il disprezzo e quasi il dispetto della cura di chi aveva tracciato e costruito la via per facilitare il cammino tra le asperità di quei luoghi con gomiti e giravolte e opere or di sostegno or di riparo: i sostegni erano crollati, i ripari abbattuti, per dar passo a dirupate scorciatoje. Piovigginava ancora a scosse nell'alba *livida* tra il vento che spirava gelido a raffiche da ponente; e a ogni raffica, su quel lembo di paese emergente or ora, appena, cruccioso, dalle *fosche* ombre umide della notte tempestosa, pareva scorresse un brivido, dalla città, alta e velata sul colle, alle vallate, ai poggi, ai piani irti ancora di stoppie annerite, fino al mare laggiù, torbido e rabbuffato. Pioggia e vento parevano un'ostinata crudeltà del cielo sopra la desolazione di quelle piagge estreme della Sicilia, su le quali Girgenti, nei resti miserevoli della sua antichissima vita raccolti lassù, si levava silenziosa e attonita superstite nel vuoto d'un tempo senza vicende, nell'abbandono d'una miseria senza riparo [cursiva mía] (*I vecchi e i giovani*, p. 9).

9 Nisia, se ha voluto crescere, s'è dovuto arrampicare, una casa sull'altra, per le marne scoscese dell'altipiano imminente, il quale, poco oltre il borgo, strapiomba minaccioso sul mare... Liberamente avrebbe potuto stendersi su questo altipiano vasto e arioso; ma si sarebbe allora allontanato dalla spiaggia. Forse una casa, posta per forza lassù, un bel giorno, sotto il cappello delle tegole e stretta nello scialle del suo intonaco, si sarebbe veduta scendere come una papera alla spiaggia. Perché lì, sulla spiaggia, urge la vita. Su l'altopiano quelli di Nisia hanno posto il cimitero. Il respiro è lassù, per i morti. – Lassù respireremo, – dicono quelli di Nisia. E dicono

così, perché giù, sulla spiaggia, non si respira; in mezzo al traffico tumultuoso e polverulento dello zolfo... se vogliono respirare debbono andare lassù; ci vanno da morti e si figurano che, morti respireranno. È una bella consolazione (*Il libretto rosso*, p. 897).

10 Io dunque sono figlio del Caos; e non allegoricamente, ma in giusta realtà, perché son nato in una nostra campagna, che trovasi presso ad un intricato bosco, denominato, in forma dialettale, Càvusu dagli abitanti di Girgenti [...] corruzione dialettale del genuino e antico vocabolo Xàos (*Frammento d'autobiografia*, 1893).

11 Certe sere, mentre contemplava dal viale solitario, all' uscita del paese, il grandioso spettacolo della campagna sottostante e del mare là in fondo rischiarato dalla luna, si sentiva preso da certi sogni angosciato da certe malinconie. In quella campagna, una città scomparsa, Agrigento, città fastosa, ricca di marmi, splendida, e molle d'ozii sapienti. Ora vi crescevano alberi intorno ai due tempii antichi, soli superstiti; il loro fruscio misterioso si fondeva col borbogliare continuo del mare in distanza e con un tremolio sonoro incessante, che pareva derivasse dal lume blando della luna nella quiete abbandonata, ed era il canto dei grilli, in mezzo al quale sonava di tanto in tanto il chiù lamentoso, remoto, d'un assiuolo (*Il turno*, p. 17).

12 «Questa, è vero? La collina akrea» disse. «Quella lassù, la nostra famosa Rupe Atenèa. Bene». Polibio dice: «La parte alta (l'arce, la così detta acropoli, insomma) sovrasta la città, noti bene!, in corrispondenza agli orienti estivi». Ora, dica un po' lei: donde sorge il sole, d'estate? Forse dal colle dove sta Girgenti? No! Sorge di là, dalla Rupe. E dunque lassù, se mai, era l'Acropoli, e non sull'odierna Girgenti, come vogliono questi dottorini tedeschi. Il colle di Girgenti restava oltre il perimetro delle antiche mura. Lo dimostrerò... lo dimostrerò! Mettano lassù Camìco... la regia di Cicale... Omface... quello che vogliono... l'Acropoli, no!» E scartò con la mano Girgenti, che si vedeva per un tratto, lassù, a sinistra della Rupe, più bassa (*Ibidem*, p. 90).

13 Lucciole! Le mie. Di mago. Siamo qua come agli orli della vita, Contessa. Gli orli, a un comando, si distaccano; entra l'invisibile: vaporano i fantasmi. È cosa naturale. Avviene, ciò che di solito nel sogno. Io lo faccio avvenire anche nella veglia. Ecco tutto. I sogni, la musica, la preghiera, l'amore [...] tutto ch'è negli uomini, lei lo troverà dentro e intorno a questa villa (*I giganti della montagna*, p. 70-71).

14 ...Ecco, nient'altro che questa certezza d'una realtà di vita altrove, lontana e diversa, da contrapporre, volta per volta, alla realtà presente che v'opprime; ma così, senza alcun nesso, seppure di contrasto, senza alcuna intenzione, come una cosa che è perché è, e che voi non potete fare a meno che sia. Questo, il rimedio che vi consiglio, amici miei. Il rimedio che io mi trovai inopinatamente quella notte (*Novelle per un anno*, p. 120).

15 La successione delle strade, così pignolescamente riportata nel *Turno*, qui viene notevolmente scomposta e ricostruita; per permettere a due ville di potersi tra di loro guardare fa scomparire un' intera collina, una piazza che non c'è viene opportunamente allocata per necessità di racconto. Noti sono cambiamenti sostanziali, ma colpiscono per l'assoluta inosservanza dei luoghi altrove sempre dimostrata (Camilleri, *op. cit.*).

V. «Una isla en la isla», la Racalmuto de Leonardo Sciascia
Simone Gatto

En la *Noticia* que introduce *Occhio di capra*, el libro al que, en 1984, confiaba *a futura memoria* una nutrida serie de expresiones dialectales de Racalmuto, Leonardo Sciascia escribe:

> [...] mi tierra, mi Sicilia, no tiene ríos; y está lejos del mar, como si estuviera en el centro de un continente. [...] Isla en la isla, como todos los pueblos sicilianos de mar o de montaña, de llanura desolada o de amena colina, mi tierra, mi Sicilia, es Racalmuto, en la provincia de Agrigento.
> [...] En Racalmuto (Rahal-maut, pueblo muerto, para los árabes: y parece ser que le pusieron ese nombre porque lo encontraron desolado a causa de una epidemia de peste) nací hace sesenta y cuatro años; y nunca me he distanciado de él, aunque

durante periodos más o menos largos (no más largos de tres meses) haya estado lejos (*Occhio di capra*).[1]

Pero el enraizamiento de Sciascia en su tierra natal no tiene solamente razones biográficas y adquiere, por mediación de Borges, otras más complejas y sugestivas:

> [...] me parece que lo conozco tan profundamente, en sus cosas y en su gente, en su pasado, en su modo de ser, en sus violencias, en sus resignaciones y en sus silencios, que puedo decir lo que Borges dice de Buenos Aires: «Tengo la impresión de que mi nacimiento es bastante posterior a mi residencia aquí. Yo ya vivía aquí, y luego nací». Es decir, me parece que sé del pueblo mucho más de lo que mi memoria ha podido registrar y de lo que me ha sido transmitido a través de la memoria de los otros: algo como una ensoñación, como una visión en la que no sólo aflora –en destellos, en fragmentos– la vida vivida en el lugar por aquella breve rama genealógica de mi familia que he tenido la oportunidad de conocer [...], sino también toda la historia del pueblo desde los árabes en adelante (*Ibidem*).[2]

A partir del vértigo de la paradoja borgiana, el sentimiento de pertenencia a estos lugares se manifiesta, en las páginas del escritor siciliano, bajo la forma de una tensión cognoscitiva que tiende progresivamente a ganar nuevos espacios, a transitar desde el observatorio individual, biográfico, en dirección a una *morada* necesariamente más vasta, colectiva, *histórica* además de *geográfica*. Antonio di Grado, haciendo referencia a las implicaciones existenciales que comporta el término *morada* para los historiadores españoles favoritos de Sciascia, escribió:

> [...] el lugar de nacimiento se convierte en el teatro de una predestinación, y la configuración de un destino puede reconocerse, *in nuce* y como cristalizada, en una precisa ubicación dentro de la geografía y de la historia de la literatura: la Sicilia centro-occidental del latifundio y de la mina, del olivo retorcido por la angustia y por el tormento del análisis incesante y al límite de la pedantería y del delirio, en definitiva la «cometa de Agrigento» recientemente escrutada por Natale Tedesco (A. Di Grado, *«Quale in lui stesso alfine l'eternità lo mura...»*, p. 33).[3]

De hecho, en el ensayo *«Coscienza dei luoghi»: le genealogie artistiche di Leonardo Sciascia*, que cierra el libro *La comenta di Agrigento*, Natale Tedesco ha intentado dar de la «sicilianidad» una explicación no sólo «basada en las constantes biológico-psíquicas, sino en razón de una condición histórica dinámica»:

> Nos pareció, en efecto, que la forma social histórica de la morada vital siciliana es también comprensible justamente según el entramado dialéctico de condiciones reales (de aquí los fenómenos socioculturales que se inscriben bajo el signo de la continuidad) y de conscientes modalidades del posicionarse

(donde se insertan las innovaciones); un entramado que en general se plantea entre destino y evidencia, entre inseguridad y temeridad, entre servidumbre y grandeza, entre revuelta y esperanza, donde, precisamente, condiciones reales de larga duración se vuelven condiciones existenciales, Y ahí reside el signo de la pertinencia mediterránea, por ello española y siciliana, de tales maneras de ser y de vivir (N. Tedesco, *La cometa di Agrigento*, pp. 79-80).[4]

Ahora bien, si estas observaciones sirven para explicar las características de la *morada* isleña entendida en su conjunto, otras concurren para ilustrar mejor las especificidades de su costa occidental. Al encontrarse encerrada en el triángulo que forman Agrigento, Caltanissetta y Palermo, Racalmuto, en efecto, pertenece al lado lógico y dilemático de la isla, a ese peculiar espacio geográfico-existencial en el que Pirandello había encontrado las fuentes de los sufridos y lacerantes interrogantes de la conciencia del yo. Un escritor siciliano de la costa oriental, Vitaliano Brancati, en una de sus *Cartas al Director*, hablaba de esta parte de la isla en los siguientes términos:

> Si la sonrisa es una luz, la costa occidental de Sicilia puede decirse perfectamente que se encuentra en la oscuridad. Abandonados por el sentido de lo cómico, los sicilianos se vuelven graves y metafísicos. Un lenguaje filosófico de los más enrevesados, con sus «categorías» y su «espíritu universal», el «no yo», se mezcla con las conversaciones más íntimas y acompaña los actos más humildes de la vida coti-

diana. De este modo nacen en Palermo los Mignosi y los Cesareo, hombres de ingenio, sin duda pero totalmente desprovistos del sentido corrector de lo cómico. Así los mejores amigos de Nissa, personas de rara inteligencia, me entretienen hasta la madrugada en el portal del hotel para decidir si la moral es una creación momentánea de nuestro espíritu o algo absoluto (V. Brancati, *Lettere al Direttore*, en *Romanzi e saggi,* p. 1305).[5]

Racalmuto, «isla-pueblo dentro de la isla-provincia», estadio intermedio de un sistema más amplio de islas que contempla por una parte la isla-baluarte y la isla-familia y la isla-individuo por otra, es, desde una perspectiva eminentemente pirandelliana, una realidad *histórica y geográfica* perfectamente coherente con el sistema más vasto que ahora se intenta reconstruir. Un escenario absolutamente natural para aquellas obsesiones y aquellos delirios que Gramsci, en primer lugar, –en las notas dedicadas a Pirandello en sus *Quaderni del carcere*– había reconducido a una peculiar y concreta dimensión histórica.

Pero, para Sciascia, Racalmuto es también el lugar fundamental donde dedicarse a la práctica de la escritura; para él es, naturalmente, obstinadamente, el lugar de su primer libro. Son, en efecto, *Le parrocchie di Regalpetra* (1956), y no las publicaciones anteriores, las que marcan el inicio consciente de su historia de escritor. Por lo demás, ¿cómo no ver, en su decisión de abrir el primer volumen de sus *Opere* con *Le parrocchie*, una afirmación de esta tesis? Del mismo modo, en su obstinado regreso de cada verano a Racalmuto para escribir sus libros, ¿no advertía nuestro autor que sólo en aquel lugar tan especial se podía materializar la expresión consciente de una regeneración, *en la* escritura y *por la* escritura?

> Los meses que paso, a menudo en invierno, sin escribir nada, sin dedicarme a un proyecto preciso, sin el estímulo de la idea de un libro, para mí representan periodos llenos de fatigas, de depresiones nerviosas, de tensiones inútiles. [...] y sueño como en una feliz vacación el momento en que partiré para el campo, donde comenzaré a poner orden en todo el material reunido, a releer mis apuntes, y donde sentiré cómo se acerca el instante de la alquimia de la escritura. En esos momentos siento que las cosas se organizan solas, que su orden interno no tardará en aparecer, que voy a descubrir rápidamente el nudo central, que me pondré rápidamente a escribir, y que estaré feliz, distendido, organizado (*La Sicilia come metáfora*).[6]

Y es precisamente el campo de Racalmuto, en la zona Noce, en donde Sciascia posee una casa, el que se nos aparece en una de sus primeras descripciones paisajísticas:

> Silencioso y resplandeciente, el campo [...] Entre los frutales que bordeaban el sendero, había los que dan esas almendras de cáscara verde y áspera y por dentro son blancas como la leche; «almendras cuajadas» las llaman, y ciruelas de mayo, todavía verdes y agrias, que daban dentera (*Los tíos de Sicilia*, p. 12).[7]

Inundada por una luz meridiana, en medio del silencio protegido de los almendros y los ciruelos, la casa de la Noce es para Sciascia el lugar destinado a la escritura, y ésta casi una práctica alquímica que no puede realizarse en ningún otro lugar. Dado que escribía habitualmente en la Noce, en verano, Ottavio Rossani le preguntaba en una entrevista qué relación existía entre el calor y la escritura, a lo que Sciascia responde: «El calor me oprime y me exprime; y de esta linfa al revés salen mis páginas, unas páginas que trato de dejar descarnadas como los pensamientos secados por este sol abrasador».

Como ha sugerido Claude Ambroise, sobre todo respecto a *Le parrocchie di Regalpetra,* Sciascia procede a construir, a través dela escritura, «la verdad de Racalmuto», la verdad de un pueblo del interior de la Sicilia occidental en los años que siguieron al final del segundo conflicto mundial. Así pues, será a las páginas del libro de 1956 a las que el escritor le confíe la descripción de una serie de ambientes que, como es fácil imaginar, son recurrentes en la topografía típica de un pueblo siciliano de los años cincuenta: la iglesia, la plaza, el círculo de los nobles y el teatro municipal.

Entre las iglesias, en especial, encuentran espacio en las páginas de *Le parrocchie* la Chiesa Madre dell'Annunziata, donde se conservan las valiosas pinturas del siglo XVII del pintor local Pietro D'Asaro, el «monoculus racalmutensis», y el Santuario de Santa Maria del Monte, junto al cual todavía hoy, en los días de julio dedicados a los festejos en honor de la Virgen, el visitante puede asistir a la tradicional «subida». En esta ocasión, la procesión de fieles se coloca a un lado y a otro, a lo largo de la empinada escalinata que se encuentra en la entrada del Santuario, y da paso al recorrido de los mulos que, aparejados y cargados de trigo, entran dentro de la iglesia, montados por los devotos:

> Todas las promesas que a lo largo del año se le hacen a la Virgen, en dinero, trigo o cabezas de ganado, se cumplen solemnemente durante las fiestas: quien debe cumplir una promesa sale del umbral de su casa y se pone a la cabeza de un pequeño cortejo y, pasando por la calle más larga, que es obligatorio recorrer, lleva el ofrecimiento a la iglesia. Las mujeres van descalzas, con el saco de trigo, blanco y atado con un lazo azul, en vilo sobre la cabeza; los hombres cabalgan mulos enjaezados de colores vivos y tintineantes cascabeles, el trigo en las alforjas nuevas. Dado que la iglesia está en lo alto del pueblo, al final de una larga escalinata, es tradicional que los hombres a caballo suban galopando por la escalera, hasta el interior de la iglesia, parándose ante el mostrador donde se pesa el grano. Al principio el mulo opone resistencia, pero tras los golpes que le caen de todas partes, los gritos y el sonido de las trompetas y tambores, se decide a obedecer: con los ojos desencajados se lanza hacia arriba para no parar sino en el interior de la iglesia silenciosa, sorprendido de golpe por aquel silencio y estremecido. Una vez pesado el grano, el oferente sale a caballo por la otra puerta de la iglesia. De manera que en dos días la Virgen recibe centenares de ofrendas (*Las parroquias de Regalpetra*, p. 101).[8]

En torno a los principales edificios religiosos del pueblo, gravita generalmente el ceremonial de las fiestas locales tradicionales. En la plaza que se encuentra delante de la Matriz tiene lugar, el día anterior a la «subida» al Santuario, la pelea anual por la «conquista de la bandera»:

> [...] Hay un armazón de cinco metros de alto en cuya cima ondea un pendón recamado en oro, distinto cada año. Los jóvenes pelean en la plaza para apoderarse de él. Es todo un ritual: sólo pueden luchar por la bandera los burgueses solteros pero con novia y que deban casarse dentro del año; se forman los distintos bandos, cada uno apoya a su campeón. Hay que respetar el lugar y la hora en que ha de realizarse la pelea y no se pueden llevar armas; pero puñetazos y patadas, cuantos se quiera y pueda. Desdichado el *carabinieri* que al ver sangre interviene. Algún recién llegado lo hace, sin embargo; los que ya lo saben se quedan mirando: sabido es que quien se mete dentro recibe la mayoría de los golpes. La riña dura diez minutos o un cuarto de hora; luego el campeón sube, cubierto de sangre, a por la bandera, cocea como un mulo contra los que pretenden tirarlo al suelo, al final coge el estandarte al tiempo que, abajo, la lucha cesa de golpe. La multitud que hervía a causa de la pelea ahora parece un mar en calma (*Ibidem*, p. 99).[9]

Sin embargo, las iglesias y los edificios religiosos no siempre sirven de bambalinas a rituales de devoción popular y a escenas de fiestas tradicionales como las que describen los fragmentos que aparecen a continuación. Más a menudo, en efecto, en Sciascia, los lugares de culto terminan por ser evocados en relación con imágenes crueles de prepotencia y perversidad:

> En la iglesia del Carmen hay un macizo sarcófago de granito sostenido por dos panteras enfurruñadas. Allí reposa el «Ilmo. Don Girolamo del Carretto, conde de esta tierra de Regalpetra, que murió en su casa asesinado por un criado, el 6 de mayo de 1622» (*Ibidem*, p. 19).[10]

En su fría y distante inmovilidad, estos lugares se vuelven a menudo depositarios de una carga de violencia que la escritura, con un despiadado carácter epigramático, vuelve a hacer explotar:

> Por Regalpetra pasaron los garibaldinos, pusieron a un hombre contra la pared y lo fusilaron: un pobre ladrón de campo fusilado junto a la pared de la iglesia de San Francisco (*Ibidem*, p. 29-30).[11]

Se trata de una violencia histórica y, al mismo tiempo, antropológica que en su furia inextinguible se preocupa solamente de encontrar para cada uno un lugar de suplicio adecuado a su condición social. Alto, distante y solitario es el castillo, efectivamente, la construcción medieval que domina el pueblo, el lugar donde se perpetra el asesinato del ilustrísimo conde del Carretto:

Desde el alto balcón situado entre las dos torres, el conde miraba las pobres casas que se amontonaban a los pies del castillo, cuando el criado Antonio di Vita «acercándose a él, lo asesinó de un disparo de arma de fuego» (*Ibidem*, p. 20).[12]

Llana, accesible, poblada, casi metáfora de un mal entendido sentido de la democracia, es, en cambio, la plaza que, en los primeros años de la posguerra, sirve de fondo para el homicidio del alcalde «encumbrado por los americanos»:

> [...] le mataron la noche del 15 de noviembre [...]; era una noche de domingo, la plaza estaba llena de gente, le apuntaron con una pistola en la nuca y dispararon. El alcalde iba con unos amigos, nadie vio nada, se hizo un vacío de miedo en torno al cuerpo de finado. [...] El alcalde se desangraba en el adoquinado bajo la luz avara de las tiendas; aún persistían las luces del crepúsculo y se distinguía la gabardina clara del alcalde en el adoquinado ennegrecido por la lluvia (*Ibidem*, p. 82-83).[13]

Lugares tan profundamente marcados por imágenes crueles y dolorosas coexisten, en *Le parrocchie*, con otros cuya descripción asume un tono más ligero y divertido, de una feliz ascendencia brancatiana.

Así sucede en las páginas dedicadas a la descripción del «Círculo de la concordia», donde el tiempo transcurre entre improbables análisis políticos, y licenciosos, sutiles e inagotables contenciosos que tienen por objeto a la mujer:

El pueblo lo sigue llamando *círculo de los noble (o de los señores, de los ciudadanos, de los don)*; los socios lo llaman *casino*, a secas Está situado en el punto más céntrico de la avenida: consiste en una gran sala de tertulia tapizada de un color desteñido con sofás de piel oscura, una sala de lectura y tres salas de juego; en la sala de lectura está la radio, casi siempre encendida, de manera que la posibilidad de hacer provechosas lecturas es muy remota.

[...] Después de la política, ciencia de la que muchos socios del círculo se sienten doctores y hacen previsiones que pueden considerarse justísimas, toda vez que luego los acontecimientos demuestran todo lo contrario, después de la política, digo, las mujeres [...]. Empieza el juego de los recuerdos. Ahora todos recuerdan: una mujer, dos, diez, todas las mujeres de la Italia del norte están locas de deseo a los pies de estos hombres; el sur hormiguea de persianas cerradas desde las cuales las mujeres, un blanco deslumbramiento de brazos desnudos y encajes, espían el paso de don Ferdinando con bigote, cuello duro y bastón; secretas señales ondean en los balcones, furtivamente se cierran unas puertas y los maridos se revisten de diabólica sagacidad. 1917, en Bolonia; 1925, en Pinerdo; aquí, no sé cuándo; y la hermana de un amigo; y la mujer de ..., no puedo decir de quién porque todavía vive; y la mujer de Butera, de éste digo el nombre porque se trata de un viejo cornudo; era rubia…, ¡tenía unos ojos!..., un pecho así…, las piernas…

Las manos modelan en el aire grandes cuerpos de mujeres, que se hinchan en el aire como dirigibles. Ya no es broma, ahora todos participan de la narración, el estudiante escucha las confidencias del juez del tribunal supremo, el viejo doctor Presti cuenta a un amigo que su hijo una vez se escapó desnudo por encima de los tejados mientras, detrás de él, un marido disparaba un cargador de balas del calibre doce (*Ibidem*, p. 62-66).[14]

A las tardías páginas de *Fatti diversi di storia letteraria e civile* (1989) confía, en cambio, la evocación del pequeño teatro municipal Regina Margherita. Situado en el casco histórico del pueblo, esta joya del siglo XIX, de estilo neoclásico, ha sido objeto recientemente de una cuidadosa y competente restauración. Los estucados, las decoraciones, los terciopelos y el telón con una imagen de las Vísperas Sicilianas, han vuelto a acoger al visitante, como en la primera mitad del siglo pasado habían hecho con aquel espectador exigente y genial que fue Leonardo Sciascia:

> El pequeño, delicioso teatro municipal [...] mandado a construir, en 1875, por un arquitecto discípulo del gran Basile (Dionisio Sciascia, aunque no era pariente mío) […] tenía un patio de butacas de ciento veinte butacas, dos hileras de palcos, un paraíso llamado comúnmente *piccionaia*, palomar (cuando se quería italianizar la voz *palummaru*).

Para los espectáculos de teatro dramático o lírico, las entradas tenían precios diferentes: para el cine, el precio fue único, pero el orden de separación entre los espectadores persistió: los artesanos siguieron yendo a butaca, la pequeña burguesía de empleados y las mujeres a los palcos, los mineros y campesinos al gallinero. Pero –hecho totalmente nuevo– el gallinero empezó a abarrotarse también de chavales; chavales, que todavía en la escuela elemental, habían empezado su aprendizaje artesanal y se pavoneaban con colillas de cigarrillos, blasfemias y obscenidades [...]. Si a los persas de Montequieu se les hubiera ocurrido entrar, en torno a 1930, en un cine siciliano de pueblo, su impresión habría sido que el espectáculo consistía en lo que pasaba entre los del gallinero y los del patio de butacas (*Sucesos de historia literaria y civil*, p. 145-146).[15]

Como los persas de Montesquieu, no queda más remedio que asomarse a aquel insólito espectáculo:

> [...] al cine [...] siempre íbamos al gallinero. Desde lo alto en la penumbra, pasábamos dos horas escupiendo a la platea, en oleadas, con algunos minutos de intervalo entre un ataque y otro: la voz de los que habían sido tocados se alzaba violenta en el silencio: – ¡Hijos de puta! Se hacía de nuevo el silencio, se oía destapar alguna botella de gaseosa, y otra vez: –¡Hijos de...! Hasta la voz del guardia municipal emergía amenazadora de

aquel foso:–¡Como hay Dios que si subo os hago pedazos! Pero nosotros estábamos seguros de que nunca se decidiría a subir. Cuando en la película había escenas amor, comenzábamos a soplar fuerte, como presas de un deseo incontenible, o hacíamos ese ruido típico de chupar caramelos que pretendía ser el sonido de los besos; era algo que, en el gallinero, hacían incluso los mayores. Y también esto suscitaba las protestas de la platea, aunque con cierta indulgencia y compasión. –Pero ¿qué les pasa? ¿Se están muriendo? Parece que estos hijos de puta nunca hayan visto a una mujer… (*Los tíos de Sicilia*, p. 14-15).[16]

Sciascia es también observador privilegiado de este espectáculo dentro del espectáculo desde el momento en que él, habitualmente, no se sienta ni en el anfiteatro ni en el patio de butacas, sino en uno de los palcos del teatro:

> Como un tío mío, empleado municipal, se ocupaba de la administración del cine, yo era un espectador privilegiado; iba siempre a un palco y a veces incluso al central, que se llamaba del alcalde (nunca se vio al alcalde en el palco, quizás por no gustarle el cine, quizás incluso porque, aficionado al teatro, lo detestaba). Aquel palco tenía la ventaja de estar al lado de la cabina de proyección, adonde en los descansos me deslizaba no sólo para hacer acopio de los fragmentos de película de que estaba sembrado a cada proyección; conseguía también

convencer al proyeccionista, a veces, de que me cortase un par de fotogramas de los más sugestivos. Tenía toda una colección.

El privilegio de estar en el palco me ponía también a cubierto de los escupitajos que llovían del gallinero (*Sucesos de historia literaria y civil*, p. 146-147).[17]

En la descripción del teatro municipal, como, por lo demás, en la de los otros lugares de Regalpetra, hay que subrayar que Sciascia no se preocupa solamente de reflejar *de forma realista* las condiciones objetivas del pueblo desde la época lejana de su fundación hasta el presente sino que, al mismo tiempo, trata de ofrecer una representación de las mismas capaz de ganar, a través de la indagación en la realidad particular, el espectro multiforme de sus significados universales. En una encuesta sobre los intelectuales y la sicilianidad promovida por el «Giornale di Sicilia» en 1985, en el que él participó, explicaba: «cuanto más delimitado es el espacio geográfico en que un escritor vive y tiende a representar, más posibilidades tiene de alcanzar la universalidad. Y en ello recojo el gran ejemplo de los rusos: no hay escritor más ligado a su propia tierra. Y no existe un escritor más universal que el ruso».

Racalmuto, por lo demás, al convertirse literariamente en Regalpetra, no pierde nada de su originaria identidad histórica y social; en todo caso adquiere los caracteres de una ejemplaridad más segura. Y es precisamente para afirmar la validez paradigmática de Racalmuto respecto a la más vasta *morada* isleña, y al mismo tiempo el enraizamiento de la *invención* en la práctica del *análisis* de la realidad histórica, por lo que Sciascia escribía en la introducción de *Le parrocchie*:

Regalpetra no existe, está claro: «toda referencia a hechos ocurrido y personas existentes es puramente casual». Existen en Sicilia muchos pueblos semejantes a Regalpetra, pero ninguno lleva este nombre. En Racalmuto, pueblo que en mi imaginación limita con Regalpetra, hay mineros de la sal; en toda Sicilia hay braceros que pasan 365 días, un largo año de lluvia y sal, con 60.000 liras; hay niños que hacen de criados, viejos que se mueren de hambre, personas que dejan como única señal de su paso por la tierra –decía Brancati– una depresión en la butaca de un círculo. Sicilia es todavía una tierra amarga. Se construyen carreteras y casas, también Regalpetra conoce el asfalto y las nuevas casas, pero, en el fondo, la situación del hombre no puede decirse que sea muy distinta de lo que era en el año en que Felipe II firmaba un privilegio que daba título de condes a los del Carretto y elevaba a Regalpetra a condado [...] es como si el reloj del sol señalara una hora del 13 de julio de 1789, mañana pasará por el reloj del sol la sombra de la Revolución francesa, luego Napoleón, el *Risorgimento*, la Revolución rusa, la Resistencia. Quién sabe cuándo el reloj marcará la hora de hoy, la que para tantos otros hombres del mundo es la hora justa (*Las parroquias de Regalpetra*, p. 16-17).[18]

Al estar prisionera en el mapa de una Sicilia ya sofisticada y delirante, Racalmuto se convierte, mediante la imagen de la meridiana de la iglesia matriz que modela el tiempo inmóvil y circular de los lugares secuestrados a la Historia, en la morada vital de una experiencia existencial a la que le ha tocado padecer dolorosamente el distanciamiento de los lugares respecto a la razón y al progreso que constituyen su historia:

> He intentado contar algo de la vida de un pueblo que quiero, y espero haber dado a entender lo lejos que está este tipo de vida de la libertad y la justicia, o sea de la razón (*Ibidem*, p. 16).[19]

Los salineros y los gañanes de Racalmuto, los niños que van a servir, los viejos que mueren de hambre son, en *Le parrocchie*, las víctimas de un drama social concretísimo y, al mismo tiempo, los protagonistas de una derrota que, justamente a partir del observatorio privilegiado que es su pueblo natal, empezaría a articularse en los libros siguientes, en los términos más vastos de una derrota histórica y colectiva:

> En efecto, todos mis libros constituyen uno solo. Un libro sobre Sicilia que toca los puntos más dolorosos del pasado y el presente y que gira en torno a la historia de una continua derrota de la razón y de quienes se han visto afectados y destruidos por esta derrota (*Ibidem*, p. 9).[20]

Pero si «el tema de Sciascia –ha afirmado Tedesco– es la concatenada representación de los vencidos de la Historia y de la Sociedad; éstos, en cambio, se presentan como tales después de haber luchado no sólo individual y existencialmente sino como sujetos históricos reales».

En la plétora de vencidos de Sciascia, le corresponde al racalmutés Fray Diego La Mattina, acusado de una herejía no sólo doctrinaria, sino probablemente también de orden social, la primacía cronológica de haber intentado desarrollar una embrionaria contestación en el pueblo secuestrado al orden natural de los cambios y de las transformaciones históricas:

> El pueblo intentó olvidar al hereje, al impío. Pero el hereje era como una vena subterránea y oculta. No la de fray Diego, que por otra parte nos es desconocida, sino la amplia herejía de lo razonable, de la razón, del tamiz crítico, irónico y mordaz, de la que se filtran las ideas y las pasiones (*Occhio di capra*).[21]

En Racalmuto, pues, se origina la historia de los hombres de «juicio tenaz» que intentarían, aun dentro de la perspectiva de una ineluctable derrota, el recorrido difícil y accidentado de la razón, de su práctica contestataria y desmitificadora, tanto frente a las injusticias materiales como a sus coartadas culturales.

Los lugares conservan la memoria de esta historia. En ellos el pasado sedimenta sus propias huellas; de Diego La Matina, en particular, queda en el término municipal de Racalmuto un lugar que incluso en los documentos de la oficina del catastro lleva su nombre y «en la zona, una cueva llamada de Fray Diego». Los alrededores del pueblo, en efecto, albergan los restos de una necrópolis primitiva dentro de la cual, entre numerosas cuevas, se eleva por su tamaño imponente, la que aún hoy se indica como el antiguo refugio del hereje:

> Una gruta cuya abertura está en una pared rocosa y difícil de escalar; lo cual la convierte en su segura posición. [...]. Esta enorme roca se eleva solitaria en plena llanura (*Muerte del inquisidor*, en *Las parroquias de Regalpetra*, p. 234).[22]

En referencia a la aclaración y la adquisición de determinadas genealogías temáticas, derivadas precisamente de una constante indagación introspectiva de los lugares, y del lugar de su nacimiento en particular, se vuelve pues más fácil reconocer el justo valor de consideraciones como ésta:

> Un crítico literario de nuestros días ha declarado que no consigue entender cómo es posible ligar una vida a un lugar, y la obra de toda una vida; por nuestra parte, no conseguimos entender cómo se puede hacer crítica sin haber entendido esa relación inalienable e inagotable, en todas sus infinitas posibilidades para multiplicarse y refractarse, sutilizarse, mimetizarse, de existir distanciada y oculta. Nadie ha logrado nunca romper del todo esta relación, desarraigarse por completo de esa condición; los sicilianos menos que los demás (*Crucigrama*, p. 28).[23]

No cabe duda de que, sin esta conciencia, Sciascia no habría podido escribir nunca: «El mejor observatorio de las costas sicilianas sigue siendo para mí el pueblo en el que nací y donde, aunque a menudo estoy lejos, realmente vivo: Racalmuto, en la provincia de Agrigento»; para luego llegar a hacer de Sicilia, en un juego de remisiones –de la isla-pueblo a la isla-isla– una exhaustiva y coherente metáfora del mundo.

Desde el privilegiado observatorio de su pueblo natal, Sciascia seguiría ofreciéndonos, durante toda su vida, un juicio, ya agudo, ya anticonformista, ya cándido, sobre las cosas del mundo, conjugando una lección de alta moralidad con la práctica desmitificadora de la duda metódica, del escepticismo sistemático.

Como conclusión de este discurso nuestro, nos gusta volver a la *Notizia* que introduce *Occhio di capra*, ya citada al principio. Un fragmento de esta *Notizia* está dedicado a la descripción del escudo del municipio de Racalmuto. La interpretación que se da de la imagen allí representada está desarrollada desde una perspectiva que no podría ser más sciasciana:

> Quien eligió –entre los siglos XVII y XVIII, presumiblemente– como escudo del Ayuntamiento (que entonces se llamaba Universidad) a un hombre desnudo que hace una señal de silencio frente a una torre hermética, y abajo, en latín, la frase «en el silencio me hice fuerte», quizá aludía al silencio que la prudencia quiere que se guarde frente al poder, pero no a un silencio de renuncia, de aquiescencia. A un silencio de preparación más bien, a un silencio perenne y, sobre la realidad efectiva, inteligente. Y esta prescripción del silencio [...] parece haber calado, durante un largo número de años, dentro de

la gente, dentro de cada uno; se ha convertido en una cualidad, en una peculiaridad, en un elemento distintivo del carácter. Gusta más callar que hablar. Y casi como si los largos silencios sirvieran de verdad para fortificar las escasas palabras, cuando se habla se sabe ser preciso, afilado, agudo e ingenioso (*Occhio di capra*).[24]

Si con la imagen del hombre que hace el signo del silencio frente a la torre hermética Sciascia ha intentado ofrecer, además de un específico análisis antropológico del carácter de los sicilianos, un retrato nada banal de sí mismo, es una circunstancia demasiado fácil de comprobar. Basta rememorar los largos silencios de sus raras entrevistas televisivas y las respuestas sucesivas que sabían ser, en el momento justo, afiladas, agudas y fulminantes. Quien ha tenido la suerte de ser su amigo, puede dar testimonio, en las conversaciones privadas, de silencios aún más largos y embarazosos, de respuestas aún más agudas y fulminantes.

Y sin embargo, los motivos por los que se hace referencia aquí a las páginas con la descripción del escudo de Racalmuto son de un orden distinto. Nos pareció, en efecto, que su simbología, más allá de los significados que el mismo Sciascia, de manera sugestiva, está dispuesto a atribuirles, podía encerrar interpretaciones nuevas, útiles si se quiere, para aclarar ciertas zonas menos conocidas de la sintaxis intelectual del escritor siciliano: la torre hermética, por ejemplo, como edificio de las fes, y sin embargo, en el caso de Sciascia menos distante, menos segura e inexpugnable, menos firme. Cualquiera que sea la fe por la que se alza como baluarte –fe en la escritura, fe en la razón, fe en la fe revelada– se trata siempre de una construcción marcada por profundas grietas; el lema que recita de forma perentoria «en el silencio me hice fuerte» como revelador de una práctica metódica, sistemática, termina por alimentar dichas grietas. De hecho, ¿no podría ser el «silencio que fortifica» el de las insurgencias existenciales y metafísicas investigadas por Natale Tedesco para iluminar el lado español de la formación sciasciana? ¿No podría ser éste el silencio necesario para el ejercicio sistemático de la práctica de la duda, de la interrogación y de la maduración interior, puesta de relieve por Antonio Di Grado?

La idea de que en el escudo del ayuntamiento de Racalmuto, creado entre los siglos XVII y XVIII, se puedan encontrar algunos de los significados más profundos de una obra como la de Sciascia, perfectamente en línea con las coordenadas del siglo XX, confirmaría, en definitiva, la hipótesis borghesiana puesta de relieve en la apertura del texto: «tengo la impresión de que mi nacimiento es bastante posterior a mi residencia aquí. Residía ya aquí, y luego nací». Por lo demás, nunca hemos creído, con Saba, «ni en las palabras, ni en las obras de los hombres que no tienen las raíces profundamente enraizadas en su tierra; son siempre obras y palabras que viven en el aire».

Textos de referencia

L. Sciascia, *Opere*, a cura di C. Ambroise, voll. 3, Bompiani, Milano 2000, 2001, 2002.
L. Sciascia, *La Sicilia come metafora*, intervista di M. Padovani, Mondadori, Milano 1979.
V. Brancati, *Lettere al Direttore*, en *Romanzi e saggi*, Mondadori, Milano 2003.
A. Di Grado, *«Quale in lui stesso alfine l'eternità lo muta...» Per Sciascia, dieci anni dopo*, Salvatore Sciascia, Caltanissetta-Roma 1999.
N. Tedesco, *La cometa di Agrigento*, Sellerio, Palermo 1997.

Traducciones de referencia

L. Sciascia, *Los tíos de Sicilia*, traducción de A. Citraro, Tusquets, Barcelona 2001.
L. Sciascia, *Sucesos de historia literaria y civil*, traducción de E. Benítez, Alianza, Madrid 1991.
L. Sciascia, *Las parroquias de Regalpetra*, traducción de R. Arqués, Alianza, Madrid 1990.
L. Sciascia, *Muerte del inquisidor*, en *Las parroquias de Regalpetra*, traducción de R. Arqués, Alianza, Madrid 1990.
L. Sciascia, *Crucigrama*, traducción de S. Mastrangelo, Fondo de cultura económica, México 1990.

Notas

1 [...] la mia terra, la mia Sicilia, non ha fiumi; e dal mare è lontana come fosse al centro di un continente. [...] Isola nell'isola, come ogni paese siciliano di mare o di montagna, di desolata pianura o di amena collina, la mia terra, la mia Sicilia, è Racalmuto, in provincia di Agrigento.
[...] A Racalmuto (Rahal-maut, villaggio morto, per gli arabi: e pare gli abbiano dato questo nome perché lo trovarono desolato da una pestilenza) sono nato sessantaquattro anni addietro; e mai me ne sono distaccato, anche se per periodi più o meno lunghi (lunghi non più di tre mesi) ne sono stato lontano (*Occhio di capra*, p. 7-8).

2 [...] così profondamente mi pare di conoscerlo, nelle cose e nelle persone, nel suo passato, nel suo modo di essere, nelle sue violenze e nelle sue rassegnazioni, nei suoi silenzi, da poter dire quello che Borges dice di Buenos Aires: «Ho l'impressione che la mia nascita sia alquanto posteriore alla mia residenza qui. Risiedevo già qui, e poi vi sono nato». Mi pare cioè di sapere del paese molto di più di quel che la mia memoria ha registrato e di quel che dalla memoria altrui mi è stato trasmesso: un che di trasognato, di visionario, di cui non soltanto affiora – in sprazzi, in frammenti– quella che nel luogo fu vita vissuta per quel breve ramo genealogico della mia famiglia che mi è dato conoscere [...], ma anche tutta la storia del paese dagli arabi in poi (*Ibidem,* p. 8).

3 [...] il luogo della nascita diventa teatro d'una predestinazione, e la configurazione d'un destino può ravvisarsi, *in nuce* e come cristallizzata, in una precisa determinazione di geografia e storia della letteratura: che è la Sicilia centro-occidentale del latifondo e della miniera, dell'ulivo contorto dall'angoscia e dal tormento dell'analisi incessante, al limite sofistica, farneticante, insomma la «cometa di Agrigento» recentemente scrutata da Natale Tedesco (A. Di Grado, *«Quale in lui stesso alfine l'eternità lo mura...»*, p. 33).

4 Ci è parso infatti che la forma sociale storica della dimora vitale siciliana è pure giustamente comprensibile secondo l'intreccio dialettico di condizioni di fatto (da qui i fenomeni socio-culturali che s'inscrivono nel segno della continuità) e di coscienti modalità dell'atteggiarsi (dove s'inseriscono le innovazioni); intreccio che in genere si pone tra destino ed effettualità, tra insicurezza e temerarietà, tra servaggio e grandigia, tra rivolta e speranza, dove, appunto, condizioni di fatto di lunga durata divengono condizioni esistenziali. E in ciò è il segno della pertinenza mediterranea, per questo spagnola e siciliana, di siffatti modi di essere e di vivere (N. Tedesco, *La cometa di Agrigento,* p. 79-80).

5 Se il sorriso è una luce, la costa occidentale della Sicilia può dirsi perfettamente al buio. Abbandonati dal senso del comico, i siciliani si fanno gravi e metafisici. Un linguaggio filosofico dei più irti, con le «categorie» e lo «spirito universale», il «non io», si mescola alle più intime conversazioni e accompagna gli atti più umili della vita quotidiana. Così nascono a Palermo i Mignosi e i Cesareo, uomini senza dubbio d'ingegno, ma totalmente sprovvisti del senso correttivo del comico. Così i miei amici di Nissa, persone di rara intelligenza, mi trattengono a notte alta presso il portone dell'albergo per decidere se la morale e una creazione momentanea del nostro spirito o un che di assoluto (V. Brancati, *Lettere al Direttore,* en *Romanzi e saggi* p. 1305).

6 I mesi che passo, spesso d'inverno, senza scriver niente, senza dedicarmi a un progetto preciso, senza essere stimolato dall'idea di un libro, per me rappresentano periodi pieni di fatiche, di sfinimenti nervosi, di tensioni inutili. [...] e sogno come felice vacanza il momento in cui partirò per la campagna, dove comincerò a dar ordine a tutto il materiale raccolto, a rileggere i miei appunti, e dove sentirò avvicinarsi l'istante dell'alchimia della scrittura. In quei momenti sento che le cose si sistemeranno da sole, che il loro ordine interno non tarderà ad apparire, che scoprirò rapidamente il nodo centrale, che mi metterò velocemente a scrivere, e che sarò felice, disteso, organizzato (*La Sicilia come metafora*, p. 79).

7 Tutta la campagna era [...] silenziosa e splendente. [...] Di frutti c'erano le mandorle dalla scorza verde e aspra, dentro bianche come latte, mandorle cagliate qui si chiamano; e le prugne maggioline che allappavano la bocca, verdi ancora e agre (*Gli zii di Sicilia, Opere*, 1, p. 176).

8 Nei giorni della festa tutte le promissioni che durante l'anno si fanno alla Madonna, in denaro o in frumento o in capi di bestiame, vengono solennemente assolte: chi deve adempiere alla promissione si muove dalla soglia di casa alla testa di un piccolo corteo; per la via più lunga, che è d'obbligo attraversare il corso, porta l'offerta in chiesa. Le donne vanno a piedi scalzi, il sacco del grano, bianco e legato da un fiocco azzurro, in bilico sulla testa; gli uomini cavalcano muli bardati a colori vivaci e tintinnanti di sonagliere, il grano nelle bisacce nuove. Poiché la chiesa è alta sul paese, in cima a una lunga gradinata, è tradizione che l'uomo a cavallo salga d'impeto la gradinata, fin dentro la chiesa, arrestandosi davanti al banco dove il grano viene pesato. Il mulo dapprima resiste, poi i colpi che piovono da ogni parte, le voci e il suono delle trombe e dei tamburi, lo costringono: con occhio stravolto si avventa a salire, soltanto dentro la chiesa silenziosa si arresta, improvvisamente sorpreso da quel silenzio e fremente. Pesato il grano, l'offerente esce a cavallo dall'altra porta della chiesa. In due giorni giungono così alla Madonna centinaia di offerte (*Le parrocchie di Regalpetra, Opere*, 1, p. 84-85).

9 [...] c'e una *macchina* alta cinque metri, in cima porta uno stendardo ricamato in oro, ogni anno diverso, i giovani borgesi in piazza lottano per conquistare lo stendardo. C'e tutto un rituale, non possono lottare per la bandiera che borgesi scapoli ma già fidanzati, entro l'anno dovranno sposare; si formano le fazioni, ciascuna sostiene il suo campione: l'ora va rispettata e il luogo dove la zuffa deve cominciare, armi non si devono portare; ma a pugni e calci quanto si vuole e si può, malcapitato il carabiniere che vedendo sangue si caccia in mezzo, qualcuno arrivato di fresco lo fa, quelli che lo sanno stanno a guardare: chi si mette in mezzo

prende, si sa, la parte migliore delle botte. Dura dieci minuti, un quarto d'ora la zuffa; poi si vede sanguinante il campione salire verso la bandiera, scalcia come un mulo contro quelli che vorrebbero tirarlo giù coglie finalmente lo stendardo mentre sotto la lotta di colpo si placa, un mare che fa bonaccia diventa la folla che nella zuffa ribolliva (*Ibidem*, p. 83).

10 Nella chiesa del Carmine c'è un massiccio sarcofago di granito, due pantere rincagnate lo sostengono. Vi riposa «l'Ill.mo don Girolamo del Carretto, conte di questa terra di Regalpetra, che morì ucciso da un servo a casa sua, il 6 maggio 1622» (*Ibidem*, p. 13).

11 Passarono i garibaldini da Regalpetra, misero un uomo contro il muro di una chiesa e lo fucilarono, un povero ladro di campagna fucilato contro il muro della chiesa di San Francesco (*Ibidem*, p. 23).

12 Il conte stava affacciato al balcone alto tra le due torri guardando le povere case ammucchiare ai piedi del castello, quando il servo Antonio di Vita «facendoglisi da presso, l'assassinò con un colpo d'arma da fuoco» (*Ibidem*, p. 14).

13 [...] lo ammazzarono la sera del 15 novembre [...]; era sera di domenica, la piazza piena di gente, gli appoggiarono la pistola alla nuca e tirarono, il sindaco aveva intorno amici, nessuno vide, si fece vuota rosa di paura intorno al corpo che crollava. [...] il sindaco faceva macchia, nella luce avara che davano le botteghe, sul lastricato: ancora c'era l'oscuramento, si distingueva l'impermeabile chiaro del sindaco sul lastricato scuro di pioggia (*Ibidem*, p. 66-67).

14 Il popolo lo chiama ancora *circolo dei nobili* (*o dei galantuomini dei civili dei don*); i soci lo chiamano semplicemente *casino*. È situato sul corso, nel punto più centrale: consiste di una grande sala di conversazione, con tappezzeria di color perso e poltrone di cuoio scuro, una sala di lettura, tre sale da giuoco: nella sala di lettura c'è la radio, quasi sempre accesa, la possibilità di far profittevole lettura è molto vaga.

[...] Dopo la politica, scienza di cui molti soci del circolo si sentono al vertice e fanno previsioni che, verificandosi poi fatti esattamente opposti, si possono considerare attendibilissime; dopo la politica, le donne. [...] Comincia il gioco dei ricordi. Tutti ora ricordano: una donna due dieci; tutte le donne dell'Italia del nord sono pazze di desiderio ai piedi di questi uomini; il sud brulica di persiane semiabbassate da cui le donne spiano, un bianco barbaglio di braccia nude e merletti, il passaggio di don Ferdinando con baffi colletto duro e bastone; segreti segnali

sventolano ai balconi, portoni furtivamente si aprono, con diabolici accorgimenti i mariti si agguatano. A Bologna, nel 16; a Pinerolo, nel 25; qui, non posso dire quando; e la sorella di un amico; e la moglie di..., non posso dire di chi perché è ancora vivo; e la moglie di Butera, di questo faccio il nome perché è cornuto vecchio; era bionda... aveva occhi!... un petto così... le gambe...
Le mani si muovono a plasmare grandi corpi di donne, donne si gonfiano nell'aria come mongolfiere. Non è più uno scherzo ora, tutti ci sono dentro, lo studente ascolta le confidenze del giudice di corte d'appello in pensione, il vecchio dottor Presti racconta a un amico di suo figlio di quando nudo scappò sui tetti, e un marito gli scaricava dietro due colpi di calibro dodici (*Ibidem*, p. 50-56).

15 Il piccolo, delizioso teatro comunale [...] fatto costruire, nel 1875, da un architetto discepolo del grande Basile (Dionisio Sciascia, ma non mio parente) [...] aveva una platea di centoventi posti. due file di palchi, un loggione, comunemente detto piccionaia (quando si voleva italianizzare la voce «palummaru»). Per gli spettacoli di teatro drammatico o lirico, i biglietti d'ingresso avevano prezzi differenti; per il cinema, il prezzo diventò unico, ma l'ordine di separazione tra gli spettatori persistette: gli artigiani continuarono ad andare in platea, la piccola borghesia impiegatizia e le donne nei palchi, minatori e contadini in loggione. Ma – fatto del tutto nuovo – il loggione cominciò ad essere affollato anche di ragazzini; ragazzini che, ancora alle elementari, avevano cominciato il loro apprendistato artigiano e ostentavano mozziconi di sigarette, bestemmie e oscenità. [...] Se ai persiani di Montesquieu fosse avvenuto di entrare, intorno al 1930, in un cinema di paese siciliano, la loro impressione sarebbe stata che lo spettacolo consistesse in quel che accadeva tra gli spettatori: e specialmente tra quelli del loggione e quelli della platea (*Fatti diversi di storia letteraria e civile*, *Opere*, 2, p. 637-638).

16 [...] al cinema [...] andavamo sempre in loggione. Dall'alto, al buio, passavamo due ore a sputare in platea, ad ondate, con qualche minuto di intervallo, tra un attacco e l'altro: la voce dei colpiti si alzava violenta nel silenzio «le mamme puttane». Tornava il silenzio, lo stappo di qualche bottiglia di gazosa; poi di nuovo «le mamme...» e anche la voce della guardia municipale veniva su minacciosa da quel pozzo «se vengo su vi squarto, quant'è vero Dio» ma noi stavamo certi che mai si sarebbe deciso a venir su. Quando nel film c'erano scene d'amore cominciavamo a soffiar forte, come in preda a un desiderio incontenibile, o facevamo quel rumore di succhiare lumache, che voleva essere il suono dei baci; era una cosa che in loggione anche i grandi facevano. E anche questo suscitava le proteste della platea, ma con una certa indulgenza e compatimento – e che, stanno morendo? Mai donne hanno visto, figli di puttane (*Gli zii di Sicilia*, *Opere*, 1, p. 178).

17 Poiché un mio zio, impiegato municipale, si occupava della gestione del cinema, io ero uno spettatore privilegiato: me ne stavo sempre in un palco e a volte addirittura in quello centrale, che era detto del podestà (mai visto il podestà in quel palco, forse non amava il cinema, forse addirittura, affezionato al teatro lo detestava). Quel palco aveva il vantaggio di essere accanto alla cabina di proiezione, dove negli intervalli sgusciavo non solo per far razzia dei frantumi di pellicola di cui si disseminava ad ogni proiezione ma riuscivo a convincere l'operatore, qualche volta, a tagliarmi un paio di fotogrammi dei più suggestivi. Ne avevo una collezione.

Il privilegio di stare in palco mi metteva anche al riparo dagli sputi che piovevano dal loggione (*Fatti diversi di storia letteraria e civile*, Opere, 2, p. 638).

18 Regalpetra, si capisce, non esiste: «ogni riferimento a fatti accaduti e a persone esistenti è puramente casuale». Esistono in Sicilia tanti paesi che a Regalpetra somigliano; ma Regalpetra non esiste. Esistono a Racalmuto, un paese che nella mia immaginazione confina con Regalpetra, i salinari; in tutta la Sicilia ci sono braccianti che campano 365 giorni, un lungo anno di pioggia e di sole, con 60.000 lire; ci sono bambini che vanno a servizio, vecchi che muoiono di fame, persone che lasciano come unico segno del loro passaggio sulla terra – diceva Brancati – un'affossatura nella poltrona di un circolo. La Sicilia è ancora una terra amara. Si fanno strade e case, anche Regalpetra conosce l'asfalto e le nuove case, ma in fondo la situazione dell'uomo non si può dire molto diversa da quella che era nell'anno in cui Filippo II firmava un privilegio che dava titolo ai conti del Carretto e Regalpetra elevava a contea. [...] è come se la meridiana della Matrice segnasse un'ora del 13 luglio 1789, domani passerà sulla meridiana l'ombra della Rivoluzione francese, poi Napoleone il Risorgimento la rivoluzione russa la Resistenza, chissà quando la meridiana segnerà l'ora di oggi, quella che è per tanti altri uomini nel mondo l'ora giusta (*Le parrocchie di Regalpetra*, Opere, 1, p. 10-11).

19 Ho tentato di raccontare qualcosa della vita di un paese che amo, e spero di aver dato il segno di quanto lontana sia questa vita dalla libertà e dalla giustizia, cioè dalla ragione (*Ibidem*, p. 9).

20 Tutti i miei libri in effetti ne fanno uno. Un libro sulla Sicilia che tocca i punti dolenti del passato e del presente e che viene ad articolarsi come la storia di una continua sconfitta della ragione e di coloro che nella sconfitta furono personalmente travolti e annientati (*Ibidem*, p. 5).

21 Il paese tentò di dimenticare l'eretico, l'empio. Ma l'eresia era come una versa sotterranea, nascosta. Non quella di fra Diego, che peraltro ci è ignota, ma la lata eresia della ragionevolezza, della ragione, del vaglio critico, ironico e beffardo, da cui sentimenti, passioni e idee vengono filtrati (*Occhio di capra*, *Opere*, 2, p. 10).

22 Una grotta la cui bocca si apre su una parete rocciosa difficilmente scalabile: e sembra assicuri imprendibile posizione. [...] l'enorme roccia in cui si apre sorge isolata nella campagna (*Morte dell'inquisitore*, *Opere*, 1, p. 676).

23 Un critico letterario dei giorni nostri ha dichiarato che non riesce a capire come si possa legare ad un luogo una vita, e l'opera di tutta una vita; per parte nostra non riusciamo a capire come si possa far critica senza aver capito questo inalienabile e inesauribile rapporto, in tutte le sue infinite possibilità di moltiplicarsi e rifrangersi, di assottigliarsi, di mimetizzarsi, di essere rimosso e nascosto. Nessuno è mai riuscito a rompere del tutto questo rapporto, a sradicarsi completamente da questa condizione; e i siciliani meno degli altri (*Cruciverba*, *Opere*, 3, p. 988-989).

24 Chi scelse – tra il Sei e il Settecento, è da presumere – come stemma del Comune (che allora si diceva Università) un uomo nudo che fa il segno del silenzio di fronte a una torre ermetica, e sotto, in latino, la scritta «nel silenzio mi fortificai», forse alludeva al silenzio che prudenza vuole si faccia di fronte al potere, ma non a un silenzio di desistenza, di quiescenza. A un silenzio di preparazione, piuttosto, a un silenzio memore e, sulla realtà effettuale, intelligente. E questa prescrizione del silenzio [...] si è come introvertita, per lungo ordine d'anni, nella gente, in ciascuno; è diventata una qualità, una peculiarità, un elemento distintivo del carattere. Si ama più tacere che parlare. E quasi che i lunghi silenzi davvero servano a fortificare il raro parlare, quando si parla si sa essere precisi, affilati, acuti ed arguti (*Occhio di capra*, *Opere*, 1, p. 9).

VI. El perímetro interior de la Sicilia de Nino Savarese
Cinzia Pinello

La ciudad de Petra está situada una parte en llano y otra sobre un pequeño promontorio en cuyo extremo se eleva el antiguo castillo, que el viajero ve desde lejos.

El lugar es agradabilísimo: los pastos crecen allí altos y perfumados; todos los cultivos prosperan, especialmente la vid y el olivo. Por la parte del sur, la llanura, interrumpida por leves ondulaciones, desemboca en el mar, del que la ciudad dista menos de cinco millas.

Del lado de poniente surgen tres montículos puntiagudos que toman su nombre de la ciudad misma, y se llaman Monti Petrei. Detrás de ellos se ve otro, con la cima como deshilachada, que es el San Calogero, llamado también Cresta de Gallo

por la forma de su corona. Al fondo, por el este, se perfila la masa imponente del Etna, que con el buen tiempo se divisa hasta su raíz, aunque tan descarnada por la lejanía que parece una nube azul.
Dos ríos, bajando de los montes al mar, delimitan casi netamente el territorio de la ciudad (*I fatti di Petra*).[1]

Así, conjugando precisión analítica y lirismo, presenta Nino Savarese su Enna, que aquí toma el nombre de Petra, a un visitante ideal en el incipit de *I fatti di Petra*, una novela de 1937. La ciudad natal presenta un carácter fuertemente central en la obra del escritor y las descripciones que éste le dedica son numerosas y articuladas, hasta el punto de que no es difícil barajar la hipótesis de una matriz común también para los lugares imaginarios que aparecen a menudo en sus novelas de carácter fantástico-alegórico, como *Gatteria* o *Malagigi*.

En sus libros, el autor guía al lector a través de los lugares que ama con una peculiar atención al dato topográfico y toponomástico:

> La antigua Piazza della Barca, luego Piazza della Sbarra, se llama ahora Piazza Trivio, tal vez porque, tras su reedificación, que cambió en parte la topografía de nuestra ciudad, confluyeron en ella las tres calles principales, que son aún hoy sus tres principales arterias. La primera que baja desde el castillo y, pasando por el Collegio di Maria y el Monasterio de las Benedictinas, atraviesa también la Piazza di Santa Maria dell'Itria; la segunda que,

comenzando también en el castillo, corta la ciudad por medio y es la más rica en tiendas y oficinas públicas y la tercera que parte de la esplanada de San Martino, atraviesa la parte baja de los núcleos urbanos y pasando por las iglesias parroquiales de San Michele y de San Leone, va a terminar en Porta Mare, conectando a la ciudad el pequeño burgo llamado de los Judíos que hoy es un nuevo barrio que se llama Giudea (*Ibidem*).[2]

Aquí aparece la plaza principal de la ciudad de Petra que, cambiando de nombre y de aspecto en el curso de la novela, aparece un poco como el símbolo de aquel lugar, un organismo vivo que se transforma, perece y resurge de nuevo:

> Con motivo de la proclamación del Reino de Italia se celebraron grandes fiestas, no ya en la Piazza Trivio, sino en la Piazza Ventimiglia, que aquel mismo año había sido limpiada y arreglada de nuevo, y precisamente en aquellos días, bautizada con el nombre de Garibaldi.
> También la Piazza Trivio había cambiado su antiguo nombre por el de Lincoln, pero como su pronunciación resultaba difícil y el nombre poco claro para la gente, en el uso común la plaza conservó su antiguo nombre, su color de otros tiempos.
> Ahora demasiado pequeña para la aumentada población, permaneció casi aparte, con sus antiguos edificios: el del Ayuntamiento, construido en 1630, la farmacia más antigua, el estanco, más pequeño y

acogedor, la barbería, más oscura y confidencial, y la mercería, menos vistosa (*Ibidem*).³

A estas minuciosas descripciones, en las que el aspecto afectivo se combina sabiamente con el documental, le siguen otras que presentan al lector la evolución de todo el núcleo urbano a lo largo de los siglos, de modo que incluso se podría llevar a cabo un recorrido por las calles de Enna, guiados por una especie de callejero, arqueológico y moderno al mismo tiempo, dibujado por el autor. Un mapa cruzado que conjuga la visión simultánea de los espacios ciudadanos con los recuerdos y la memoria escrita:

> Delante de la mercería, que está ahora en la esquina de Piazza Trivio, se anima la escena de la oficina de correos que estaba antes en aquel lugar [...].
> Piazza Garibaldi, perdiendo su limpia y ordenada fila de tiendecitas y retomando su nombre de Piazza Ventimiglia, se anima con pedradas de niños, con gatos callejeros [...]. Aún está ocupada por completo por una especie de montecillo cubierto de hierba y de fango, y al fondo, sobre la roca, se eleva la iglesia de San Francesco. Luego llegaron a limpiar con los carros, y a causa de esa limpieza la puerta de la iglesia quedó medio al aire y se convirtió en una balconada, y la entrada se abrió en la parte de detrás [...].
> Hacia la mitad de la via Giacomo Medici, donde ahora hay una plaza con una falsa acacia que ha cre-

cido sobre los cascotes, quien tiene buena memoria ve sepultada la pequeña iglesia de Santa Lucia [...].

Y a veces veo detenerse al fraile mendicante, con el asno cargado detrás del portón de San Benedetto, silencioso en el descampado lleno de hierba alta, a la sombra, a pesar de que el portón está ahora siempre abierto, y muestra el pozo seco lleno de piedras, y las ventanas del convento están llenas de soldados y debajo de esas ventanas se ven los tablones de anuncios del Distrito militar (*Ibidem*).[4]

Pero, mas allá de las reconstrucciones históricas y de la mirada afectuosa dirigida a los lugares familiares, hay que destacar cómo una vocación moralista siempre viva induce al escritor a mirar con una sobresaliente agudeza a la sociedad contemporánea, e inevitablemente a la isleña, en toda su complejidad. Y sin embargo la Sicilia de Savarese no es la de los grandes asentamientos urbanos y el ruido, sino que, por el contrario, está representada por la provincia sometida y silente que no deja huellas evidentes en la Historia sino sombras tenues, visibles solamente a ojos vigilantes y sensibles como los del escritor de Enna, que nació y vivió en dichos lugares, a los que quedó anclado incluso después de su traslado a Roma.

Entre el escritor y la isla existe un vínculo tan fuerte que resulta casi imposible encontrar, en sus obras, páginas carentes de algún apunte paisajístico, aunque sea fugaz, referido en la mayoría de los casos a las localidades montañosas y agrícolas, al paisaje que se puede abrazar a simple vista desde las cimas más altas del territorio de Enna:

Observada desde un punto elevado, la línea de los confines del antiguo feudo de Rossomanno, podría parecerse a un tosco cuadrilátero.

La extensión que el feudo tuvo en los tiempos antiguos no habría sido posible abarcarla con la mirada, ni recorrerla en menos de dos días a caballo. Aquella a la que se redujo en tiempos más cercanos a nosotros, y la aldea que aún hoy se suele designar con este nombre, está comprendida entre la cinta blanca de las calles, que se aleja hasta casi desvanecerse en el horizonte por la parte de levante, una cresta de pequeñas colinas cubiertas de retama por poniente y el torrente que desciende al valle, entre desfiladeros y precipicios, al norte, mientras que al sur, su límite se detiene repentinamente bajo una larga pared de rocas, que ya no se dicen de Rossomanno sino de Cafeci (*Rossomanno*).[5]

La Sicilia de los feudos (vista por Savarese en contraposición a la árabe, caracterizada por una exuberante vegetación, y a la moderna, dominada por el gris ciudadano) se presenta también en otros lugares y atrae al lector por su perfecta geometría y por la nitidez de sus imágenes:

> Esta parte central de Sicilia es región de grandes feudos, y sólo en una pequeña parte está fragmentada en pequeñas propiedades. La exuberancia de la vegetación no presenta aquí la continuidad de las costas: se entrevé desde los valles y los puentes como si fuera un oasis, en las manchas de los

viñedos, en la cabellera gris de los olivares. Todo lo demás es tierra dejada en barbecho o sembrada de trigo o de habas.

En el lado de levante se yergue con un negro perfil el Etna, aunque un poco más a la derecha, en la misma línea del horizonte, una sucesión de montes y de colinas oculta la extensión de la llanura de Catania, mientras que a poca distancia, al sur, se adivina la playa del lado de Augusta.

Agira, Leonforte, Assoro y, más adentro Valguarnera, se sientan en sus colinas como en un pequeño conciliábulo (*Cronachetta siciliana dell'estate 1943*).[6]

Con una marcada sensibilidad impresionista el autor da vida a verdaderas pinturas *en plein air*, otorgando de ese modo dignidad literaria a eso que él mismo define como el «escenario clásico de nuestras bellezas naturales que los pueblos del norte no pueden disfrutar» (*Sul romanzo italiano*, Noterelle, p. 11).

La isla, la mayoría de las veces, en las obras de Savarese se representa como la tierra en la que triunfa la naturaleza, como un *locus amoenus* calentado por el sol y refrescado por la sombra de los árboles; sin embargo, también se encuentran casos en los que el sol ofende y vuelve áridos aquellos mismos lugares, que pierden de ese modo su función de cuna hospitalaria para el hombre y, por el contrario, se convierten en un teatro para su indigencia y su lucha por la supervivencia.

Así pues, Savarese logra poner al desnudo todas las caras de la realidad siciliana y extraer su fuerza de los temas que ésta ofrece para llevar adelante una denuncia, fuerte y austera, de los problemas de su tiempo. Denuncia que, en cualquier caso, no compromete el profundo vínculo que lo une a su pueblo y la gente que lo habita.

Por lo demás será el escritor mismo el que explique, en sus *Noterelle* de 1938, qué entiende por regionalismo:

> El regionalismo, bien entendido, tal y como es, campesino, marinero y pintoresco, nace en nosotros de una imperante necesidad de poesía. Nace como evasión de un mundo burgués sin calor ni color poéticos. Perdido el contacto con los héroes, los dioses y los semidioses, sólo la gente humilde sabe moverse con alguna dignidad plástica en el escenario clásico de nuestras bellezas naturales, que los pueblos del norte no pueden disfrutar.
>
> No se recurre al regionalismo por los recursos de carácter, de costumbres, de folklore, sino más bien para encontrar, por debajo de esas apariencias, las fuentes profundas de nuestra vida: bajo la mutabilidad se encuentra la perenne estabilidad de los caracteres de nuestra raza. El *color local*, en suma, para el arte italiano no es ornamento o decoración, sino una necesidad ferviente del artista, una condición para la obra de arte (*Sul romanzo italiano. Noterelle*).[7]

Son declaraciones que ofrecen interesantes estímulos para la reflexión y, al mismo tiempo, una clave interpretativa de la escritura savaresiana. Para el autor, efectivamente, la representación del paisaje isleño y el regionalismo son un modo de dar voz a la «prepotente necesidad de poesía» que él había advertido, una manera de contraponer la vida sencilla y auténtica de la gente humilde al carácter anodino del mundo burgués.

Ese «color local» del que él mismo habla como de una «sentida necesidad del artista, condición para la obra de arte», no se reduce pues a una mera atención al dato folklorístico o costumbrista, sino que es, por el contrario, un tono global de la obra que surge precisamente de una obstinada búsqueda de las raíces de la esencia siciliana, de la búsqueda de una condición que sustraiga al hombre del carácter constantemente mutable de las cosas para darle una identidad estable, la idea de pertenencia a un lugar, a una raza.

Éste es el motivo por el que, aun cuando el paisaje no reviste un papel central en las páginas de Savarese, no falta una particular atmósfera de fondo que recuerda ambientes familiares, como sucede, por ejemplo, en las novelas fantástico-alegóricas *Malagigi* y *Gatterìa*. Aquí los hechos tienen lugar en pequeños pueblecitos anónimos o dotados de nombres ficticios; localidades que de imaginario tienen solamente dichos nombres, pero que, por lo demás, invitan al lector-visitante curioso a reconocer en ellos los escenarios reales del interior siciliano y, quizá, de la misma Enna:

> Caffia era en aquel tiempo, y lo es aún, una pequeña ciudad bastante tranquila. Todos esos hallazgos que constituyen el orgullo y el perjuicio de las ciudades más grandes, parecen intimidados por la secular antigüedad, aún intacta, de sus piedras y [...] parece que trata de esconder entre sus delicados y pequeños pórticos, sus iglesias famosas y sus maravillosos pala-

cios. Por estar la ciudad sobre una suave pendiente y rodeada de lomas de dulcísimas curvas coronadas de pinos y de cipreses, el campo parece oprimir por todas partes a las casas. Es más, en ciertas plazuelas siempre cubiertas de hierba, parece que entra y, sin recato alguno, se tiende (*Gatterìa*).[8]

La ciudad, descrita aquí con un tono afectuoso y personal, es en efecto un lugar inventado que, sin embargo, se presenta como un compendio de los rasgos más sobresalientes de la realidad provincial isleña. En *Gatterìa* el escritor va más allá del juego entre fantasía y realidad, para llegar a una falsa reticencia en la descripción del palacio del Arzobispado «que –como él mismo afirma– el lector conocedor de los monumentos más insignes de Caffia, conocerá de seguro»:

> El cardenal Spirterio del que habla nuestro Doctor, vivía en el palacio del Arzobispado que el lector conocedor de los monumentos más insignes de Caffia, conocerá ciertamente por haber visto al menos alguna imagen impresa. Y esta notoriedad nos dispensa de describirlo. Porque sería un esfuerzo inútil extenuarse con palabras para expresar la belleza de aquella arquitectura tan natural y reposada y el color de aquella piedra sólida y, sin embargo, casi inmaterial y tan sabiamente elaborada por las manos de los antiguos artesanos antes y por aquellas no menos sabias del tiempo, después.
> La placita, cuya belleza no tiene nada que envidiarle al palacio, tiene un aire entre campestre y

embalsamada y las hierbecitas que crecen en ella, en las uniones de los adoquines, parecen buscar, con su tímido verde, un acuerdo con algo de musical que parece flotar misteriosamente en el lugar (*Ibidem*).[9]

La representación no tiene nada de aséptico o de irreal, es más, está hecha de manera que parezca una evocación lírica de una localidad amada por el autor: aquella «piedra firme», sabiamente labrada por los antiguos artesanos y por el tiempo, y aquella placita, con aquel aire, «entre campestre y embalsamada», asumen una plasticidad y un relieve capaces de crear casi la instantánea de un lugar que se vuelve tangible a los ojos del lector y que, en verdad, no tiene menos concreción ni menos funcionalidad que muchos palacios realmente existentes, descritos en los *Fatti di Petra* (al que remite también la precisa referencia a las placitas cubiertas de hierba). La Caffia de *Gatterìa* no es pues un pueblo realmente visitable y, sin embargo, su descripción puede ayudar a captar algunos elementos fundamentales de la arquitectura y de la ordenación urbana real de algunos centros de la Isla.

Quien visite dichas localidades dejándose guiar por el escritor puede observar también, cómo, en ocasiones, su sicialianidad surge también de la integración del dialecto.

Precisamente en las obras dotadas de un menor descriptivismo Savarese lleva a cabo, en efecto, una operación de mímesis del lenguaje que, a pesar de no ser predominante, produce un efecto especial. En *Malagigi*, por ejemplo, aparecen algunas expresiones dialectales, como «Addìu donni di Locu / Iu mi nni vaiu e vui ristati ddocu» (Adiós mujeres de Locu / yo me voy y vosotras os quedáis allí) (p. 12); o bien «A Lu Ponti ci n'è un fonti / A li Lanni setti manni / Sabucina d'oru è china» (En el puente hay una fuente / en las cajas de latón siete montones / Sabucina está llena de oro) (p. 22); y en otros pasajes el autor imita el habla, mediante el recurso a los anacolutos o al estilo indirecto libre: «Cuando vio más calmado a Don Andaloro gracias a aquel algodón impregnado que le había enviado el farmacéutico, Cataldo, volvió a aquella cantilena de que en las enfermedades se necesita una mujer en casa tanto como el pan» (*Malagigi,* p. 65).

Todas estas estrategias narrativas concurren para determinar ese clima general de sicilianidad, imprescindible en la escritura savaresiana.

La conciencia de pertenecer irremediablemente a un lugar representa, además, para el autor de Enna un límite a la mutabilidad de las cosas, al fluir irreverente del tiempo, destructor de las obras del hombre que vuelve vanas todas sus acciones. Frente a la vacuidad del vivir el único asidero concreto y seguro lo constituye la Tierra, Madre benigna, que al final de nuestra vida nos acoge nuevamente en su seno. Esta idea de fondo atraviesa numerosas páginas de Savarese, desde sus primeras novelas hasta sus prosas más maduras, como sucede en uno de sus *Congedi,* titulado precisamente *Dalla terra:*

> Cuando te miraba largamente desde una loma, tendida en las ondas de tus colinas, alegre en las llanuras, brillante y severa frente a tus altas montañas, las tempestades del corazón y de los pensamientos se aplacaban. *Pero la paz que prometías desde entonces era la paz del regreso a ti.* A ti me confiaré como una semilla. Te abrazaré y te perderé; no te veré

nunca más, aunque una buena parte de mí se quedará extraviada en tus terrones, y se revolverá allí, eternamente, sin reconocerte nunca más.

Así concluyes tú el destino de todas las cosas: del hombre que te pisa con su pie para sostenerse, y propicia tus dones con su sudor; de las plantas que llevan fatigosamente hacia la luz tus profundos tesoros, abriéndolos en flores y en frutos sobre las ramas; de los animales que, en su último respiro, te piden insaciablemente la vida [cursiva mía] (*La goccia sulla pietra*).[10]

Dicho sentimiento pánico, de simbiosis con la naturaleza, es alimentado por el uso, en clave afectiva, de la adjetivación y de la contemplación de los lugares amados. De este modo, estos últimos se convierten en el único refugio para el ánimo atormentado del escritor, que vive en una continua bipolaridad: por un lado, una tendencia a la evasión fantástica e irónica, como reacción a las deformaciones sociales, una fuga programática de la caótica existencia; por otro, una constante necesidad de sumergirse en la realidad circundante, de escudriñar a fondo el ánimo humano para poner al desnudo sus dolorosas contradicciones.

Ambas tensiones son secundadas por Savarese en su escritura y se nutren de la realidad isleña, tomada como emblema de la condición existencial del hombre y observada como un verdadero teatro de la vida.

Además de como un espejo de la realidad universal de sus tiempos, el autor ama también a Sicilia porque reconoce en ella la perpetuación de una dimensión ancestral y primordial de la existencia, en la que la realidad agrícola funciona aún como un baluarte contra lo absurdo del progreso y de la ambición humana:

> Pero la gente del campo, *la gente sencilla que a fuerza de mirar a la tierra ha comprendido algunas cosas del cielo*, es la única que mantiene un comportamiento decoroso frente a lo que no se puede conocer. La prudencia y el pudor de su lenguaje deberían ser los modelos de nuestro estilo. La muerte, por ejemplo, es un tema de conversación soportable sólo en boca de los campesinos, que saben envolverlo en graves reticencias y solemnes silencios.
> *Podría decirse que Dios en ningún otro lugar está tan presente y es tan familiar como en la tierra desnuda y solitaria donde no se celebran congresos de sabios ni se erigen solemnes observadores para descubrirlo y conocerlo* [cursiva mía] (*Ibidem*).[11]

El «estilo campechano», del que habla el escritor, es a menudo exaltado y contrapuesto claramente a la vida ciudadana, representada por él como una «loca danza». La gente humilde es la única que logra instaurar una relación directa y sincera con la Naturaleza y con la realidad circundante.

La Isla, pues, es también el lugar de la comunión del hombre con lo Trascendente. En este frente, el mito resulta fundamental para Savarese. Sicilia es, efectivamente, la tierra de los albores de la ilustre civilización clásica, de los primeros contactos de los hombres con dioses y semidioses; una dimensión de la que el autor da cuenta a menudo en sus propias obras, como sucede por ejemplo en *I fatti di Petra*, donde se narra la llegada de Hércules a las costas sicilianas y la consiguiente fundación de la ciudad.

En la novela, sin embargo, el componente mítico tiene un espacio reducido y cede inmediatamente el paso a una reconstrucción histórica detallada y precisa. Donde éste encuentra, sin embargo, un desarrollo más airoso y complejo es en los textos escritos para el teatro. Entre ellos, las dos 'fábulas míticas', *Il ratto di Proserpina* e *Il lamento di Prometeo*, ambas compuestas en 1944, fueron publicadas sin una última revisión del autor a causa de su muerte, acaecida en 1945.

El último homenaje de Savarese a su Pueblo es precisamente el contenido en *Il ratto di Proserpina,* pieza en la que vuelve con fuerza el sentimiento pánico de la naturaleza a la necesidad de una comunión con la Tierra.

Como expresión de esa manera de sentir, no es casual que el escritor elija precisamente un mito ambientado en el lago de Pergusa, descrito, por boca de la misma Proserpina, con tonos nostálgicos y afectuosos.

> ¿Qué flores puede haber donde no sale el sol? ¿Qué flores son éstas que parecen de piedra? Tú no conoces las orillas de mi lago, por eso hablas de ese modo [....]. En nuestros lugares es siempre primavera, la tierra está siempre cubierta de narcisos, de violetas, de lirios y asfódelos, y muchas otras flores sin nombre cubren toda la tierra. En las horas en las que el sol calienta el aire con numerosos perfumes, los hombres olvidan toda fatiga y se

detienen embriagados, los perros hacen un alto en la caza porque pierden las huellas de los animales. Entonces, mi madre y yo, sentadas a la orilla del lago, mirábamos largamente al cielo, a nuestros campos y a la tierra que, entre bosques y prados floridos, se aleja hasta el límite del cielo volviéndose también ella azul como el cielo... (*Il ratto di Proserpina*).[12]

Ésta es una de las poquísimas frases que se ponen en boca de la diosa niña que desea ardientemente volver a ser libre en los soleados campos de Enna, símbolo de serenidad y de bienestar.

El autor vuelve a escribir, entre otras cosas, una historia a la que ya habían dado vida en distintas versiones otros escritores isleños; recuérdese, por ejemplo, *Il ratto di Proserpina* de Rosso di San Secondo, donde la figura de la diosa presenta características completamente diferentes. Además, en la interpretación savaresiana, los hechos presentan un final ambivalente: entre la alegría general por el recuperado favor de la diosa, en efecto, se levanta, frente a todos, la voz de un joven trabajador que incita a la rebelión contra los poderosos y se erige en portavoz de la Verdad:

> [...] Ceres, Júpiter y Plutón se pusieron de acuerdo, y vosotros creéis que todo ha acabado, pero os engañáis. Los dioses encuentran siempre la manera de ponerse de acuerdo entre ellos y los hombres son juguetes en sus manos. Una Diosa nos había favorecido con un gran don, otro Dios si no nos lo ha arrebatado, al menos nos lo ha envenenado.

Así juegan entre ellos los poderosos con el orgullo y los engaños y quien sufre las consecuencias es siempre la pobre gente ignorante, sometida y llena de sufrimientos mientras pueden llevarlos a las espaldas... [cursiva mía] (*Ibidem*).[13]

Dicha evolución se convierte en una metáfora de la realidad italiana de la posguerra y la obra se cierra con una doble representación de la Isla. Ésta constituye un Pueblo ameno y acogedor, donde parece que el dolor del mundo puede ser conjurado; no obstante, ese lugar mágico puede también transformarse, por el capricho de una diosa, en un infierno inhóspito y árido.

Paraíso consolador o lugar de martirios: éstas son las dos oximóricas acepciones a las que recurre Savarese a menudo para referirse a su tierra natal; acepciones que se reflejan en ese variado y multiforme paisaje siciliano que, también en virtud de tales características, y siguiendo semejantes sugestiones literarias, se revela como algo emocionante que hay que explorar y descubrir.

Textos de referencia

N. Savarese, *Gatterìa* (1925), Sellerio, Palermo 1972.
N. Savarese, *Rossomanno* (1935), Salvatore Sciascia Editore, Caltanissetta-Roma 1986.
N. Savarese, *I fatti di Petra* (1937), Salvatore Sciascia Editore, Caltanissetta-Roma 1986.
N. Savarese, *Sul romanzo italiano. Noterelle* (1938), Edizioni Remo Sandron, Palermo 1956.
N. Savarese, *La goccia sulla pietra* (1961), Salvatore Sciascia Editore, Caltanissetta-Roma 1961.
N. Savarese, *Il ratto di Proserpina*, in *Favole drammatiche* (1962), Salvatore Sciascia Editore, Caltanissetta-Roma 1962.
N. Savarese, *Cronachetta siciliana dell'estate 1943* (1963), Salvatore Sciascia Editore, Caltanissetta-Roma 1963.

Notas

1 La città di Petra è posta parte in piano, e parte sopra una piccola altura all'estremità della quale sorge l'antico castello, che il viandante vede da lontano.
La contrada è amenissima: i pascoli vi crescono alti e profumati; tutte le colture vi prosperano e specialmente la vite e l'ulivo. Dalla parte di mezzogiorno, la pianura, interrotta da lievi ondeggiamenti, va a finire a mare, dal quale la città è lontana non più di cinque miglia.
Dal lato di ponente sorgono tre puntuti monticelli che prendono il nome dalla città stessa, e si chiamano Monti Petrei: dietro ad essi se ne vede un altro, dalla cima sfrangiata, che è il San Calogero, detto anche Cresta di Gallo dalla forma del suo cocuzzolo. In fondo, a levante, si profila la massa imponente dell'Etna, che col tempo bello, si scorge fino alla sua radice, ma così scorporata dalla lontananza, che sembra una nuvola azzurra.
Due fiumi, scendendo dai monti a mare, delimitano quasi nettamente il territorio della città (*I fatti di Petra*, p. 133).

2 L'antica Piazza della Barca, poi Piazza della Sbarra, si chiama ora Piazza Trivio, forse perché, in seguito alla riedificazione, che mutò in parte la topografia della nostra città, vi si riversarono le tre strade principali, che sono ancora oggi le sue tre principali arterie. La prima che scende dal Castello, e passando per il Collegio di Maria e il

Monastero delle Benedettine, attraversa anche la Piazza di Santa Maria dell'Itria, la seconda che cominciando pure dal castello, taglia la città nel mezzo, ed è la più ricca di botteghe e di uffici pubblici, la terza che partendo dal largo di San Martino attraversa il basso delle città, e passando per le chiese parrocchiali di San Michele e di San Leone, va a finire a Porta Mare, allacciando alla città il piccolo borgo detto degli Ebrei che oggi è un nuovo quartiere che chiamasi della Giudea (*Ibidem*, p. 156).

3 Per la proclamazione del Regno d'Italia si fecero grandi feste, non più in piazza Trivio, ma in piazza Ventimiglia, che in quello stesso anno era stata sgombrata e nuovamente sistemata, e proprio in quei giorni ribattezzata col nome di Garibaldi.

Anche piazza Trivio aveva mutato il suo antico nome in quello di Lincoln, ma siccome la pronuncia riusciva difficile e la designazione oscura al popolo, nell'uso comune la piazza conservò il suo antico nome, un suo colore di altri tempi.

Ormai troppo piccola per la cresciuta popolazione, rimase quasi tratta in disparte, coi suoi antichi palazzi, quello del Comune fabbricato nel 1630, la farmacia più antiquata, la tabaccheria più piccola e più accogliente, il barbiere più buio e confidenziale, ed il merciaio meno vistoso (*Ibidem*, p. 198).

4 Davanti la bottega del merciaio, che è ora all'angolo di Piazza Trivio, si anima la scena dell'ufficio postale che era prima in quel luogo [...].

Piazza Garibaldi, perdendo la linda fila delle sue botteghe in giro, e riprendendo il suo nome di Piazza Ventimiglia, si anima di sassaiole di ragazzi, di gatti randagi [...]. È ancora tutta occupata da una specie di monticello coperto d'erba e di melma, e sulla roccia in fondo si innalza la chiesa di San Francesco. Poi vengono coi carri a sgombrare, e fu causa di quello sgombero che la porta della chiesa restò a mezz'aria e diventò una balconata, e l'ingresso fu aperto nella parte di dietro [...].

Alla metà di via Giacomo Medici, dove ora è un largo con un albero di robinia cresciuto sulla demolizione, chi ha buona memoria vede sepolta la chiesetta di Santa Lucia [...].

Ed alle volte vedo fermarsi il frate questuante, con l'asino carico dietro il portone di San Benedetto, silenzioso sullo spiazzo di erba alta, in ombra, malgrado quel portone sia ora sempre aperto, e mostri il pozzo secco pieno di pietre, e le finestre del convento sieno piene di soldati, e sotto quelle finestre si vedano le tabelle del Distretto militare (*Ibidem*, p.189).

5 Guardata da un punto elevato, la linea dei confini dell'ex feudo di Rossomanno, si può rassomigliare ad un grossolano quadrilatero.

L'estensione che il feudo ebbe nei tempi antichi non sarebbe stata possibile abbracciarla con lo sguardo, né percorrerla in meno di due giorni a cavallo. Quella a cui si ridusse in tempi vicini a noi, e la contrada che ancora oggi si suole designare con questo nome, e compresa tra il nastro bianco dello stradale, che si allontana e quasi svanisce all'orizzonte, dalla parte di levante; una cresta di collinette coperte di ginestre, a ponente; il torrente che scende a valle, tra Torre e burroni, a tramontana; mentre a mezzogiorno, il termine si arresta repentinamente sotto una parete di rocce, che già non si dicono più di Rossomanno, ma di Cafeci (*Rossomanno*, p. 13).

6 Questa parte centrale della Sicilia è regione di grandi feudi, e solo per una piccola parte è frastagliata in piccoli poderi. Il rigoglio della vegetazione non ha qui la continuità delle coste: occhieggia da valli e da ponti con aria di oasi, nelle macchie dei vigneti, nella grigia criniera degli uliveti. Tutto il resto è terra lasciata a maggese o seminata a grano e a fave.

A levante si erge con netto profilo l'Etna, ma un poco più a destra, sulla stessa linea dell'orizzonte, un susseguirsi di monti e di colline nasconde il dilagare della piana di Catania, mentre per pochi varchi, a mezzogiorno, si indovina la spiaggia verso Augusta.

Agira, Leonforte, Assoro e, più in dentro Valguarnera, siedono sui loro colli come in un piccolo consesso (*Cronachetta siciliana dell'estate 1943*, p. 9).

7 Il regionalismo, a saperlo bene intendere, così come, campagnolo, marinaro e pittoresco, nasce in noi da un prepotente bisogno di poesia: nasce come evasione dal mondo borghese senza calore e colore poetici. Perduto il contatto con gli eroi, i dei e i semidei, non c'è rimasta che la gente umile che si sappia muovere con qualche dignità plastica sullo scenario classico delle nostre bellezze naturali, precluse ai popoli del nord.

Non si ricorre al regionalismo per le risorse di carattere, di costume, di folklore, ma bensì per ritrovare, sotto quelle apparenze, le sorgenti profonde della nostra vita: sotto la mutevolezza, la perenne stabilità dei caratteri della nostra razza. Il *colore locale*, insomma, per l'arte italiana non è ornamento o decorazione, ma sentita necessità dell'artista, condizione dell'opera d'arte (*Sul romanzo italiano. Noterelle*, p. 11-12).

8 Caffia era a quel tempo, ed è tuttavia, una cittadina assai tranquilla. Tutti quei ritrovamenti che fanno il vanto e danno delle città più grandi, sembrano intimidite dalla secolare antichità, ancora intatta, delle sue pietre e [...] sembra che tirino a nascondere tra i suoi delicati portichetti, le sue chiese famose, i meravigliosi palazzi. Per essere la città sopra un dolce pendio e circondata da collinette di dolcissime curve corollate di pini e di cipressi; la campagna par che prema d'ogni

parte l'abitato. Anzi, in certe piazzette sempre ricoperte d'erba, par che entri e senza soggezione alcuna, vi si stenda (*Gatterìa*, p. 64).

9 Il cardinale Spirterio del quale parla il nostro Dottore, abitava il palazzo dell'Arcivescovato che il lettore pratico dei monumenti più insigni di Caffia, conoscerà di certo per averne veduto almeno qualche stampa. E questa notorietà ci dispensa dal descriverlo. Perché inutilmente ci saremmo affaticati con le parole per rendere la bellezza di quell'architettura così naturale e riposata e il colore di quella pietra salda eppur quasi immateriale e così saggiamente lavorata dalle mani degli antichi artieri prima e da quelle non meno sapienti del tempo, poi.
La piazzetta che fa gli onori al palazzo ha un'aria tra campestre e imbalsamata e le barbine d'erbe che vi crescono nelle connessure dei selci, sembrano cercare col loro verde timido, un accordo con alcunché di musicale che sembra misteriosamente aleggiare sul luogo (*Ibidem*, p. 64-65).

10 Quando ti guardavo a lungo da un poggio, distesa nelle onde delle tue colline, ridente nelle pianure, lucente e severa nella fronte delle tue alte montagne, le tempeste del cuore e dei pensieri si placavano. *Ma la pace che promettevi fin d'allora era la pace del ritorno a te*. A te mi affiderò come un seme. Ti abbraccerò e ti perderò; né ti vedrò mai più, anche se una monca parte di me resterà smarrita nelle tue zolle, e vi si rivolterà, in eterno, senza più riconoscerti.
Così tu concludi il destino di tutte le cose: dell'uomo che ti preme col suo piede per sostenersi, e propizia i tuoi doni col suo sudore: delle piante che portano faticosamente alla luce i tuoi profondi tesori, schiudendoli in fiori e in frutti sui rami: degli animali che, col respiro basso, ti chiedono insaziabilmente la vita [cursiva mía] (*La goccia sulla pietra*, p. 181-182).

11 Ma la gente di campagna, la *semplice gente che a furia di guadare la terra ha compreso qualche cosa del cielo*, è la sola che mantiene un contegno decoroso di fronte all'inconoscibile. La prudenza e il pudore del loro linguaggio dovrebbero essere i modelli del nostro stile. La morte per esempio è un argomento sopportabile di conversazione solo in bocca ai contadini che sanno avvolgerlo di gravi reticenze e di solenni silenzi.
Si direbbe che Dio in nessun luogo è così presente e familiare come sulla terra nuda e solitaria dove non si tengono congressi di sapienti e non si erigono solenni osservatori per scoprirlo e conoscerlo [cursiva mía] (*Ibidem*, p. 263).

12 Che fiori possono esservi dove non spunta il sole? Che fiori sono mai questi che sembrano di pietra? Tu non conosci le sponde del mio lago, perciò parli a questo modo [...].

Nei nostri luoghi è sempre primavera, la terra è sempre coperta di narcisi, di viole, di gigli e di asfodeli, e tanti altri fiori senza nome coprono ogni zolla. Nelle ore in cui il sole riscalda il fiato di tanti profumi, uomini tralasciano ogni fatica e si fermano inebriati, i cani sostano dalla caccia perche smarriscono le tracce della selvaggina: allora io e mia madre sedute sulla sponda del lago guardavamo lungamente il cielo, i nostri campi e la terra che tra boschi e prati fioriti si allontana fino al limite del cielo diventando azzurra anch'essa come il cielo... (Il *ratto di Proserpina*, p. 43).

13 [...] Cerere, Giove e Plutone si sono accordati, e voi credete che tutto sia finito, ma vi ingannate: gli dei trovano sempre modo di accordarsi tra loro e gli uomini sono un trastullo nelle loro mani. Una Dea ci aveva elargito un grande dono, un altro Dio se non ce lo ha ritolto, ce l'ha almeno avvelenato. *Così i potenti giocano tra loro di orgoglio e di inganni, e chi ne fa le spese è sempre la povera gente ignara, soggetta e carica di sofferenze finché ne possono portare sulle spalle...* [cursiva mía] (*Ibidem*, p. 62).

VII. Naturaleza e historia en la Sicilia 'memorial' de Tomasi di Lampedusa
Donatella La Monaca

Creo que, para todos, los recuerdos de infancia consisten en una serie de impresiones visuales muchas de ellas clarísimas, aunque carentes de todo nexo cronológico. Me parece imposible una «crónica» de la propia infancia: incluso empleando el máximo de buena fe sólo se lograría dar una impresión falsa, muchas veces basada en horribles anacronismos. Por tanto, seguiré el método de agrupar por temas, tratando de dar una impresión global en el espacio más que en la sucesión temporal. Hablaré de los sitios en los que transcurrió mi infancia, de las personas que la rodearon, de mis sentimientos, cuya evolución no trataré «a priori» de seguir. Puedo prometer que no diré nada falso. Pero no querré decirlo todo. Me reservo el derecho de mentir por omisión. A menos que no cambie de idea (*Recuerdos de infancia*, en *Relatos*, p. 28).[1]

De estas premisas parte el largo viaje memorial de Tomasi «de paseo» por los lugares de «aquel paraíso terrestre y perdido» que fue su niñez, tal y como éste toma cuerpo en sus *Ricordi d'infanzia*, cuya redacción en 1955 dialoga con la contemporánea gestación de *Il Gattopardo*.

En el incunable de los recuerdos biográficos de este cuento se dibuja precisamente la cartografía de los lugares tomasianos: Palermo, Santa Margherita Belice, Capo d'Orlando y Torretta dibujan el microcosmos inventivo del que se alimenta la breve pero intensa aventura narrativa del escritor.

De la «memoria convertida de nuevo en sensación», cualidad que él admira en su *auctor* electivo, Stendhal, se deriva una modalidad perceptiva que consiste en 'releer' los recuerdos, modulada formalmente sobre la potenciación de los efectos sensoriales que nutre las 'imágenes' narrativas de cuentos y novela. El intenso y minucioso carácter descriptivo que invade la narración introduce al lector en lo más recóndito, en lo más oculto también, de las 'casas' lampedusianas, preludio en efecto, por asonancia de temas y de formas, de muchos de los escenarios de la misma morada familiar isleña que, entre luces y sombras, alberga el fresco de época de *Il Gattopardo*. Tomasi replantea en las descripciones de los *Ricordi* las «fotografías mentales» que toma del «archivo de la memoria» (*Ricordi d'infanzia*, p. 387) y son instantáneas en las que la «meticulosidad» documental nace de un profundo sentido de pertenencia, haciendo casi fetichista el culto a los objetos sobre los que se detiene la mirada narrativa.

En particular, la inversión afectiva más partícipe y dolorosa es la que realiza de forma profusa en la 'descripción' del palacio Lampedusa de Palermo, destruido por los bombardeos del 43, como se puede leer en las páginas introductorias de Domenica Perrone, que asume en los *Ricordi* el valor de un arquetipo materno. «Las otras casas, S. Margherita Belice, la villa de Bagheria, el palacio de Torretta, la casa de campo de Raitano, la casa de Palma y el castillo de Montechiaro» (*Ibidem*, p. 335) viven de luz refleja en la memoria del escritor, «dependencias en el campo de la 'casa' de Palermo, que aumentaban su fascinación» (*Ibidem*).

Entre éstas, «la preferida», el escenario ideal de una 'novelesca' formación infantil, es la majestuosa residencia del Belice, detrás de cuyos restos se oculta una gran parte de la fascinación de la Donnafugata de la novela, el Palazzo Filangeri de Cutò, duramente herido por la violencia sísmica. «La fascinación de la aventura, de lo que no es comprensible del todo, que es una gran parte de mi recuerdo de S. Margherita, comenzaba con el viaje para llegar allí» (*Ibidem*, p. 356). Con dicha introducción de clara imitación fabulística comienza el largo traslado veraniego de la familia Lampedusa. «Durante horas se atravesaba el paisaje hermoso y tremendamente triste de la Sicilia occidental [...] Carini, Cinisi, Zucco, Partinico [...] Castelvetrano [...], aldea lúgubre, con su alcantarillado al descubierto [...] hasta Partanna» (*Ibidem*, p. 357). Con la grabación de una película a cámara lenta el lector es conducido a través de las tonalidades cambiantes de los campos sicilianos, «de las montañas rocosas, de los campos de trigo segados, amarillos como la melena de los leones», al «desmesurado paisaje del feudo, desierto, sin un soplo de aire, oprimido por el sol plomizo» en un clímax de fábula que a través del Belice, «un río como es debido para Sicilia, incluso con agua en su fondo pedregoso», «las curvas eternas» de la «subida al paso», y las «largas calles desiertas» de

Montevago, culmina en la «Plaza» desde la que se divisan «las agraciadas líneas de la Casa» (*Ibidem*, p. 357-359). «Un primer patio, un atrio y un segundo patio» introducen en la «adornada vastedad» del palacio Filangeri de Cutò en Santa Margherita:

> Una especie de Vaticano, digamos, que abarcaba salones de recepción, salas de estar, aposentos para treinta huéspedes, cuartos para la servidumbre, tres patios inmensos, caballerizas y locales para guardar los coches, teatro e iglesia privada, un enorme y bellísimo jardín y un gran huerto (*Relatos*, p. 54).[2]

Hay un completo y consciente regodeo en la fascinación fabulística y las 300 habitaciones del palacio se abren, ante el adolescente Tomasi, con una misteriosa atracción, casi como si las habitaciones custodiaran misteriosos secretos de la historia familiar: «cada puerta estaba enmarcada por fantásticos frisos del siglo XVIII en mármoles grises, negros o rojos [...] una amplia escalera con balaustrada de mármol verde llevaba a una terraza en la que se abría la puerta de entrada sobre la que estaba la cruz de campanillas» (*Relatos*). Y de aquí, con la complicidad de una adjetivación hiperbólica típica del imaginario infantil, el lector es introducido «en la colosal antesala» en presencia de «dos filas superpuestas de cuadros que representan a los Filangeri desde 1080 hasta el padre de mi abuela, todos ellos de pie, a tamaño natural, con las más variadas vestimentas, desde el traje de cruzado al de caballero de cámara de Fernando II». «Cuatro estatuas de bronce de guerreros con armadura» y, «en el techo», un mucho más autorizado «Júpiter envuelto en una nube purpúrea», rodeado de un revoloteo de Tritones y Ninfas marinas», sellan «el preludio orgulloso» de la casa «oculto bajo la molicie como el de un aristócrata bajo la cortesía» (*Ricordi*, p. 360-361).

Y el «orgullo» de un aristócrata 'cortés' es su «biblioteca», sobria y valiosa al mismo tiempo, «encerrada en armarios de ese gracioso estilo del siglo XVIII siciliano llamado 'estilo de abadía', semejante al veneciano florido pero más rudo y menos azucarado» en cuyos estantes rebosan, en un «extravagante» revoltijo, «obras iluministas», boletines napoleónicos, informes de guerra, periódicos satíricos, el Don Quijote, las obras completas de Zola y novelas de poca categoría, pero también *I Malavoglia* con dedicatoria autógrafa» (*Ibidem*). «El cuarto de los pajaritos», el cuarto de los monos», «las habitaciones de Fernando», «la sala de los tapices» con los «ocho grandes 'succhi d'erbe'[1] sobre temas extraídos de la *Gerusalemme Liberata*» completan el mapa monumental del palacio de Santa Margherita entre cuyos meandros el joven Tomasi se «dirige como a un bosque encantado sin dragones escondidos» mientras que «el salón de baile» con sus «ocho balcones» y «el oro puro» de decoraciones, zócalos y postigos, custodia en las noches de invierno la intimidad de madre e hijo «como un cofre de las hadas» (*Ibidem*, p. 362-363).

En un «plano más bajo que el de la casa se abre la exuberante vegetación del jardín que envuelve con «encinas y araucarias», en un «paraíso de perfumes tórridos de orégano y toronjil», la celebérrima fuente en cuyo centro «la diosa Abundancia, con melena y túnica entreabierta, vertía torrentes de agua en el profundo estanque» (*Ibidem*, p. 367) rodeada de un revoloteo de Tritones y Nereidas. La misma sinuosidad escultórica de sus

---

[1] Lampedusa se refiere a ocho grandes lienzos pintados con tintes vegetales («succhi d'erbe»).

formas mujeriles alimenta algunas de las páginas más sensuales de la novela:

> Poníase ya el sol y sus rayos, amortecido su poder, iluminaban con luz cortés las araucarias, los pinos, los robustos carrascos, que eran la gloria del lugar. Desde el fondo del sendero principal que descendía lento entre altos setos de laurel encortinando anónimos bustos de diosas desnarigadas, oíase la dulce lluvia de los surtidores, que caía en la fuente de Anfitrite. Hacia allí se dirigió juvenil y deseoso de volver a verlos. Sopladas por las caracolas de los tritones y las conchas de las náyades, por las narices de los monstruos marinos, las aguas irrumpían en filamentos sutiles, repiqueteaban con punzante rumor la superficie verdusca de la taza, provocaban rebotes, burbujas, espumas, ondulaciones, temblores, remolinos sonrientes. De la fuente, de las aguas tibias, de las piedras revestidas de aterciopelados musgos emanaba la promesa de un placer que nunca podría convertirse en dolor. En un islote en el centro de la redonda taza, modelado por un cincel inexperto pero sensual, un Neptuno expedito y sonriente atrapaba a una Anfitrite anhelante: el ombligo de ella, humedecido por las salpicaduras, brillaba al sol, nido, dentro de poco, de escondidos besos en la umbría acuática. Don Fabrizio se detuvo, miró, recordó, lamentándose. Se quedó largo rato (*El Gatopardo*, p.113-114).[3]

En contraste con el jardín, que rezuma de ornamentos, se presenta «la habitación rosa completamente desprovista de adornos» que, en los *Ricordi,* acoge el reposo nocturno del adolescente Tomasi, de cuya cabecera «cuelga una especie de urna Luis XVI de madera blanca que encierra tres estatuillas de marfil: la Sagrada Familia, sobre un fondo carmesí» (*Ricordi d'infanzia,* p. 371). Y es el mismo Tomasi el que pone de relieve cómo este objeto, milagrosamente sobrevivido a los bombardeos, terminó por adornar la cabecera de la cama de la habitación en la que, en su madurez, solía dormir en la villa de los «primos Piccolo en Capo d'Orlando», la única referencia que reserva el escritor, dentro del cuento, a sus queridas estancias orlandinas.

El tono narrativo cambia cuando los reconocimientos, fuera del feudo de Santa Margherita, se alargan hasta la «cresta de montañas bajas» en las que «las manchas negras» de rastrojos quemados» producen «la impresión de una enorme fiera agazapada» (*Ibidem,* p. 380). En el «costado de esta leona o de esta hiena» se abre, en efecto, la vista de «Poggioreale, Contessa, Salaparuta, Gibellina y S. Ninfa, oprimidos por la miseria, la canícula y la oscuridad» (*Ibidem*). Pero las tonalidades más inquietas afloran en el fragmento, no colocado por el autor e incompleto, dedicado a la residencia de Torretta, que se abre sobre la fusión entre un pasado y un presente ligados por la misma atmósfera malsana:

> Luego estaba Torretta. Tan amada era S. Margherita como detestada era Torretta. Ésta ha sido siempre, y aún hoy lo sigue siendo para mí, símbolo y acompañamiento de enfermedad y de muerte (*Ibidem,* p. 391).[4]

Toda la orquestación expresiva de esta tesela de la memoria se somete para pulsar las cuerdas de la 'pesadez'; las elecciones lexicales, sobre todo los adjetivos, se cargan de una densidad despiadadamente interpretativa y concurren para trazar un cuadro desolador de este pueblo «encerrado en un estrecho valle, dominado por todas partes por montañas áridas y abruptas y desprovisto de alcantarillado, agua corriente, servicio postal y luz eléctrica (*Ibidem*).

Una atmósfera de soñoliento abandono flota sobre la «plaza estrecha, oscura, encerrada, con el empedrado siempre húmedo» de Torretta, que acoge «una fuente barroca de un feo estilo que echaba por tres míseros caños la única agua que mana en el pueblo» (*Ibidem*, p. 392). En el centro de este escenario se yergue el palacio gentilicio: «la casa baronal» de Tomasi, cuya «fachada no había sido pintada con los alegres colores sicilianos, blanco y amarillo, sino de blanco con los marcos de las ventanas y de los balcones en un gris bastante oscuro, que parecía un negro desvaído y le confería al conjunto un aspecto de tumba gentilicia, desagradable precisamente por su carácter profético. (*Ibidem*).

Las páginas dedicadas a Torretta evocan la misma inclinación a la descripción que aparece en los pasajes de *Il Gattopardo*, en los que los lugares 'somatizan' el sentimiento de contaminación que emana de las taras gangrenadas de la clase aristocrática contemporánea, corroídas por la degradación histórica.

Una «Palermo completamente a oscuras» acoge, efectivamente, el viaje 'clandestino' de Don Fabrizio mientras se dirige, con ayuda de la oscuridad, a su cita adúltera con la aldeana Mariannina. Y es verdaderamente «irredimible» la fisonomía urbanística que se dibuja a través de los ojos amargamente desencantados del príncipe:

Sus casas bajas y apretadas estaban oprimidas por la desmesurada mole de los conventos; había docenas de éstos, gigantescos, a menudo asociados en grupos de dos o tres, conventos para hombres y conventos para mujeres, conventos ricos y conventos pobres, conventos nobles y conventos plebeyos, conventos jesuitas, de benedictinos, de franciscanos, de capuchinos, de carmelitas, de ligurinos, de agustinos... Descarnadas cúpulas de curvas inciertas, semejantes a senos vaciados de leche, elevábanse todavía más altas, y eran ellos, los conventos, los que conferían a la ciudad su oscuridad y su su carácter, su decoro y, al mismo tiempo, el sentido de muerte que ni la frenética luz siciliana conseguía hacer desaparecer. Además, aquella hora, en noche casi cerrada, se convertían en los déspotas del paisaje (*El Gatopardo*, p. 52).[5]

«Decoro y sentimiento de muerte» envuelven en una endémica ambivalencia a la «ciudad regia y conventual», metonímicamente representada por la figuración expresionista de los «senos vacíos de leche» en su «feminidad» manida, vacía de toda abundancia. Ni siquiera la «frenética luz siciliana» parece poder «dispersar» los miasmas necróticos, y sin embargo, los escorzos paisajísticos que atraviesa la carroza del príncipe rezuman un desbordante frenesí de los sentidos:

Ahora, efectivamente, la calle pasaba por entre los pequeños naranjos en flor, y el aroma nupcial del azahar lo anulaba todo como el plenilunio anula un paisaje; el olor de los caballos sudorosos, el olor a cuero de la tapicería del coche, el olor del príncipe y el olor del jesuita, todo quedaba cancelado por aquel perfume islámico que evocaba huríes y sensualidades de ultratumba (*Ibidem*, p. 53).[6]

Una mezcolanza ambigua de *cupio dissolvi*, de sensualidad desflorada, escolta el «cargado *coupè*» de don Fabrizio desde la «Villa Ranchibile» a lo largo de «Terrerosse, los huertos de Villafranca», más allá de «Porta Maqueda» y los «Quattro Canti», mientras que «a los lados el bajo continuo de los conventos, la Abadía del Monta, las Stimmate, Los Crociferi, los Teatinos, paquidérmicos, negros como la pez», yacen «inmersos en un sueño que se parece a la nada» (*Ibidem*, p. 35).

La aristocracia siciliana, cuya ruina se refleja en la Palermo 'histórica' de la novela, se hunde, en efecto, en un letárgico estancamiento y oscila ambiguamente en la ciénaga de sus «anacrónicos» privilegios del mismo modo que las «barcas semipodridas se balanceaban en el viejo puerto pesquero de la Cala, con el aspecto desolado de los perros sarnosos (*Ibidem*, p. 35).

Y sin embargo, gracias una vez más al «sortilegio de iluminaciones y colores» que a la mañana siguiente se desprenden de la frondosa naturaleza isleña, aquella misma cartografía nocturna se aligera, a los ojos del príncipe, de todas sus oscuridades:

> Abrí una de las ventanas de la torrecilla. El paisaje lucía todas sus bellezas. Bajo el fermento del sol todas las cosas parecían privadas de peso; el mar, al

fondo, era una mancha de color puro, las montañas, que por la noche habían parecido terriblemente llenas de asechanzas, semejaban montones de vapores a punto de diluirse, y la torva Palermo extendíase tranquila en torno a los conventos como una grey a los pies de los pastores (*Ibidem*, p. 73-74).[7]

«Una asombrosa calma» parece envolver la ciudad en una especie de encantamiento y el «sol» se yergue como «el auténtico soberano de Sicilia: el sol violento y descarado, el sol narcotizante» que llena la realidad con la violencia transfiguradora y la «arbitrariedad de los sueños» (*Ibidem*).

Pero Palermo era también la ciudad de los grandes bailes y el corazón del casco histórico albergaba el palacio Pignatelli Monteleone, abatido en 1906, aquel «palacio Ponteleone» al que la familia Salina se dirige a través de una «maraña de callejas oscuras [...] via Salina, via Valverde y la bajada de los Bambinai, tan alegre de día con sus tiendecitas de figuritas de cera, y tan tenebrosa por la noche» (*Ricordi*, p. 200).

En la invención narrativa de la novela, cuya matriz hunde sus raíces en la madurez desilusionada del Tomasi di Lampedusa intelectual aristócrata siciliano, todo rasgo biográfico, sobre todo si está ligado a los lugares, refluye en la narración cargado de un espesor meditativo extraordinario y existencial, a menudo cargado de inquietas tensiones metafísicas. Pero la novela no se «estructura», por decirlo con palabras de Gioacchino Lanza, «sobre el sentimiento de la pérdida» y es una vez más por la «huella indudable aunque debilitada de la infancia» en el Belice por lo que los lugares se iluminan con una, aunque doliente, 'luz familiar': «Donnafugata estaba ya cerca con su palacio, con sus surtidores de agua, con los recuerdos de sus antepasados santos, con la impresión que daba de eternidad de la infancia» (*Ibidem*, p. 64).

Por otra parte, se funden en la topografía inventiva de la morada agrigentina espacios geográficamente tomados del feudo de Palma di Montechiaro: la «Chiesa Madre», «la catedral» que entre sus columnas rojas» alberga en el «Te Deum» a la familia Salina a su llegada a Donnafugata y el Monasterio de Santo Spirito, detrás del cual se representa el santuario palmés de la Beata Corbera con «su tosco locutorio», «la bóveda de cañón centrada de *Il Gattopardo*», «las rejas dobles para las conversaciones» y «el pequeño torno de madera para hacer entrar y salir los mensajes» (*Ibidem*, p. 88).

Si bien es cierto que «Tomasi prefiere la memoria individual e histórica», es igualmente esencial poner de relieve con Natale Tedesco, cómo «sin embargo en él la autobiografía de una clase, la aristocrática, en la crisis de la sociedad siciliana, se desplaza, salta y se vuelve metáfora» en el «silencio inmemorial de la Sicilia pastoril»:

> Venus brillaba, grano de uva abierto, transparente y húmedo, pero ya parecía oírse el ruido del carro solar que subía la cuesta bajo el horizonte. Pronto encontraban las primeras greyes que avanzaban lentas como mareas, guiadas a pedradas por los pastores calzados de pieles. Las lanas eran mórbidas y rosadas a los primeros rayos. Luego había que dirimir oscuros litigios de precedencia entre los perros de pastor y los puntillosos sabuesos, y después de este intermedio ensordecedor se subía rodeando por una

pendiente y uno se encontraba en el inmemorial silencio de la Sicilia pastoril. De repente uno estaba lejos de todo, en el espacio y más aún en el tiempo. Donnafugata con su palacio y sus nuevos ricos quedaba apenas a dos millas, pero parecía descolorida en el recuerdo como esos paisajes que a veces se entrevén en la lejana desembocadura de un túnel. Sus penas y su lujo parecían aún más insignificantes que si hubiesen pertenecido al pasado, porque, con respecto a la inmutabilidad de este campo distante, parecían formar parte del futuro, haber sido extraídos no de la piedra y de la carne, sino del tejido de un soñado porvenir, extraídos de una utopía deseada por un Platón rústico y que por cualquier mínimo accidente podía también adquirir formas de acuerdo con maneras del todo distintas o quizá no ser; desprovistos así de este tanto de carga energética que toda cosa pasada continúa poseyendo, no podían ya causar preocupación alguna (*El Gatopardo*, p. 136-137).[8]

La actividad bucólica de la «Sicilia pastoril» entrega a una historia sin tiempo la fisonomía de los campos isleños cuya aura mítica se inclina en cambio, en los cameos epistolares, hacia un idílico distanciamiento:

Di largos y hermosos paseos a pie por aquellos fascinantes valles completamente abruptos y llenos de agua corriente que se encuentra allí detrás. Un paisaje griego, en el sentido de la Grecia pastoril, la Arcadia, etc.; ese género de cosas. Piensa que incluso hemos encontrado en el bosque las primeras fresas, aún rosas y verdes (*Lettere a Licy*).[9]

[...] El campo está lleno de rosas rojas, de almendros en flor, de narcisos salvajes y con los árboles cargados de limones es verdaderamente una belleza (*Lettere a Licy*). [10]

De esa misma atmósfera amplificada con sinestesias memoriales y sugestiones paisajísticas se alimenta el cuento *La sirena*, donde realidad y sublimación evocadora se funden de manera aún más sinuosa.

«A finales del otoño de 1938», en «aquel café de via Po», «una especie de hades poblado de sombras exangües de tenientes coroneles, magistrados y profesores jubilados», madura el singular encuentro entre la «ilustre helenista», el senador Rosario La Ciurfa y el periodista «en plena crisis de misantropía» Paolo Corbera di Salina.

«Sentidos» y «razón», pérdida de sublimación y lirismo dan voz, en una voluntaria y acentuada ambivalencia, a la vigilancia histórica de Lampedusa, a su despiadada mirada crítica sobre el envilecimiento intelectual contemporáneo, aludiendo al mismo tiempo, a través de los impulsos transfiguradores de la invención, a una sensualidad inédita, a la percepción del valor transeúnte de lo terrestre en cuyo fondo, sin embargo, se oculta un impulso inconfesado hacia la superación de los límites humanos. La fascinación que Tomasi sentía por la percepción de la vida como una inextricable coexistencia de contrastes se explicita como nunca encarnándose de forma fantástica en la imagen de la sirena, criatura mortal e inmortal, emblema por antonomasia del connubio oximórico entre ferocidad y feminidad, entre donaire y tosquedad.

Levedad y gravedad se integran, efectivamente, en el ritmo narrativo de todo el cuento cuyas primeras páginas, centradas en el 'presente' de la relación entre los dos personajes, están cargadas del mismo maduro desencanto con que Tomasi interpreta, en la novela, la realidad contemporánea. Los dardos más agudos se lanzan contra la Sicilia histórica, la Sicilia de los compromisos políticos, de la mercantilización cultural, de los juegos de poder. Sin embargo, justamente en el corazón del despiadado análisis de las dinámicas de la época, se abren brechas poéticas en las que la pesadez de la memoria histórica encuentra la ligereza mítica de la memoria ancestral.

«Nuestra isla», ésa en la que desde hace «tres mil años no sucede nada nuevo», una «hermosa tierra aunque poblada por asnos», se metamorfosea, efectivamente, en las evocaciones de los dos interlocutores, Corbera y La Ciura, en la Sicilia «eterna, la de las cosas de la naturaleza» y, también aquí, la intensidad lírica que se libera no se confía al ansia de evasión sino que se une más bien, como sucede en los *Ricordi d'infanzia* o en algunas de las cartas a Licy, a las imágenes de los lugares:

> Así que hablamos de la Sicilia eterna, de la de las cosas de la naturaleza: del aroma de romero en los Nébrodi, del sabor de la miel de Melilli, del ver ondear las mieses desde Enna cuando sopla el viento en un día de mayo, de las soledades alrededor de Siracusa, de las ráfagas de perfume, que según dicen, derraman sobre Palermo las plantaciones de

agrios en ciertos atardeceres de junio. Hablamos del hechizo de ciertas noches de verano frente al golfo de Castellammare, cuando las estrellas se reflejan en el mar dormido y el espíritu del que yace cara al cielo entre los lentiscos se pierde en el torbellino celeste mientras el cuerpo, tenso y alerta, teme la llegada de los demonios (*La sirena*, en *Relatos*, p. 114).[11]

En esta travesía fílmica de la topografía memorial de la isla existe una cualidad descriptiva que es en sí misma autobiográfica precisamente porque se funda en la tesitura de olores, sonidos y escorzos de imagen que se enraízan en el 'especial' recuerdo del escritor y, sólo en función de esa concreción, derraman específicas sensaciones alimentadas con la matriz autótica, con el contacto verdadero con la naturaleza isleña. Un contacto que Tomasi descompone en la página escrita, incluso epistolar, en la modulación de unas percepciones sensoriales en las que predominan siempre unas sensaciones visuales y olfativas:

> 11 de febrero de 1943 [...] El campo es delicioso, todo en tonos de grises delicadísimos; el gris plateado de los olivos se funde con el gris perla del cielo y los almendros ya floridos arrojan apenas sobre el paisaje de las sombras de luz blanca rosada y rosa blanquecina. Los árboles tienen ya hinchadas las yemas mientras que otros tienen aún las hojas doradas. Dentro de una semana será primavera. El mar parece de leche y las islas están apoyadas encima

como grandes copos de humo. En torno a nuestra futura casa los limones están cargados de fruta. Hay un árbol extrañísimo, cargado al mismo tiempo de grandes limones y de grandes naranjas, con una cáscara tan gorda y rugosa que casi parece una materia animal (*Lettere a Licy*).[12]

A más de 10 años de distancia, en 1957, vuelve poéticamente modulada, en el flujo evocador de *La sirena*, la memoria de modulaciones cromáticas análogas:

Por la mañana el mar color de tórtola se lamentaba como una tórtola por sus secretas cuitas y por la noche se encrespaba, aunque no se percibiera brisa alguna, en una escala de grises humo, grises acero, grises perla, todos muy suaves y más amables que el esplendor de antes [...] También el humor de Ligea mutaba del esplendor a la amabilidad del gris (*La sirena*, en *Relatos*, p. 138).[13]

Naturaleza e historia se encuentran en el cuento que más acoge la inconfesada tensión pánica del escritor, y mientras el «sol» como «un mago» «engarza diamantes móviles en los más leves encrespamientos del mar», la 'sirena' se encuentra con el 'gatopardo' en el corazón de una Sicilia al mismo tiempo 'prodigio' y 'hechizo'.

Textos de referencia

G. Tomasi di Lampedusa, *Ricordi d'infanzia*, en G. Tomasi di Lampedusa, *Opere, I racconti, Letteratura inglese, Letteratura francese* a cura di N.Polo, Mondadori, Milano 1995.
G. Tomasi di Lampedusa, *Il Gattopardo*, en *Opere*, cit.
G. Tomasi di Lampedusa, *La sirena*, en *Opere*, cit. G. Tomasi di Lampedusa, *Lettere a Licy* en C. Cardona, *Lettere a Licy, Un matrimonio epistolare*, Sellerio, Palermo 1987.
G. Lanza Tomasi, *Introduzione* e *Premesse* a G. Tomasi di Lampedusa, *Opere*, cit.
D. La Monaca, *L'archivio della memoria. La scrittura autobiografica di Giuseppe Tomasi di Lampedusa*, Sciascia editore, Caltanissetta-Roma 2004.
D. Perrone, *La memoria dilatata. Scritture del contemporaneo*, Bonanno editore, Acireale-Roma 2006.
N. Tedesco, *Le ragioni della poesia, le ragioni della prosa. Piccolo e Tomasi: identità e diversità nella prospettiva siciliana ed europea*, en AA. VV., *Lucio Piccolo-Giuseppe Tomasi. Le ragioni della poesia, le ragioni della prosa*, Flaccovio, Palermo 1999.

Traducciones de referencia

G. Tomasi di Lampedusa, *Relatos*, edición de N. Polo, traducción de R. Pochtar, Edhasa, Barcelona 1990.
G. Tomasi di Lampedusa, *El Gatopardo*, prólogo de J.J. Armas Marcelo, traducción de F. Gutiérrez, Punto de lectura, Madrid 2002.

Notas

1 I ricordi dell'infanzia consistono, presso tutti credo, in una serie di impressioni visive molte delle quali nettissime, prive però di qualsiasi nesso cronologico. Fare una «cronaca» della propria infanzia è, credo, impossibile: pur adoperando la massima buona fede si verrebbe a dare una impressione falsa spesso basata su spaventevoli anacronismi. Quindi seguirò il metodo di raggruppare per argomenti, provandomi a dare un'impressione globale nello spazio piuttosto che nella successione temporale. Parlerò degli ambienti della mia infanzia, delle persone che la circondarono, dei miei sentimenti dei quali non cercherò «a priori», di seguire

lo sviluppo. Posso promettere di non dire nulla che sia falso. Ma non vorrà dire tutto. Riservo a me il diritto di mentire per omissione. A meno che non cambi idea (*Ricordi d'infanzia*, p. 338-339).

2 Una specie di Vaticano che racchiudeva appartamenti di rappresentanza, stanze di soggiorno, foresterie per trenta persone, stanze per domestici, tre immensi cortili, scuderie e rimesse, teatro e chiesa privati, un enorme e bellissimo giardino e un grande orto (*Ibidem*, p. 360).

3 Il sole già calava e i suoi raggi, smessa la prepotenza, illuminavano di luce cortese la araucarie, i pini, i robusti lecci che facevano la gloria del posto. Il viale principale scendeva lento tra alte siepi di alloro incornicianti anonimi busti di dee senza naso; e da in fondo si udiva la dolce pioggia degli zampilli che ricadevano nella fontana di Anfitrite. Vi si diresse, svelto, avido di rivedere. Soffiate via dalle conche dei Tritoni, dalle conchiglie delle Naiadi, dalle narici dei mostri marini, le acque erompevano in filamenti sottili, picchiettavano con un prorompente brusio la superficie verdastra del bacino, suscitavano rimbalzi, bolle, spume, ondulazioni, fremiti, gorghi ridenti; dall'intera fontana, dalle acque tiepide, dalle pietre rivestite di muschi vellutati emanava la promessa di un piacere che non avrebbe mai potuto volgersi in dolore. Su di un isolotto al centro del bacino rotondo, modellato da uno scalpello inesperto ma sensuale, un Nettuno spiccio e sorridente abbrancava un'Anfitrite vogliosa: l'ombelico di lei inumidito dagli spruzzi, brillava al sole, nido, fra poco, di baci nascosti nell'ombria subacquea. Don Fabrizio si fermò, guardò, ricordò, rimpianse. Rimase a lungo. (*Il Gattopardo*, p. 77).

4 Poi vi era Torretta. Altrettanto S. Margherita era amata, altrettanto detestata era Torretta. Essa è sempre stata, e ancora adesso per me, simbolo ed accompagnamento di malattia e di morte (*Ibidem*, p. 391).

5 Le sue case basse e serrate erano oppresse dalla smisurata mole dei conventi; di questi ve ne erano diecine, tutti immani, spesso associati in gruppi di due o di tre, conventi di uomini e di donne, conventi ricchi e conventi poveri, conventi nobili e conventi plebei, conventi di Gesuiti, di Benedettini, di Francescani, di Cappuccini, di Carmelitani, di Liquorini, di Agostiniani... Smunte cupole dalle curve incerte simili a seni svuotati di lane si alzavano ancora più in alto, ma erano essi, i conventi, a conferire alla città la cupezza sua e il suo carattere, il suo decoro e insieme il senso di morte che neppure la frenetica luce siciliana riusciva mai a disperdere. A quell'ora, poi, a notte quasi fatta, essi erano i despoti del panorama (*Il Gattopardo*, p. 33-34).

6 Adesso infatti la strada attraversava gli aranceti in fiore e l'aroma nuziale delle zagare annullava ogni cosa come il plenilunio annulla un paesaggio: l'odore dei cavalli sudati, l'odore di cuoio delle imbottiture, l'odor di Principe e l'odor di Gesuita, tutto era cancellato da quel profumo islamico che evocava urì e carnali oltretomba (*Ibidem*).

7 Aprì una delle finestre della torretta. Il paesaggio ostentava tutte le proprie bellezze. Sotto il lievito del forte sole ogni cosa sembrava priva di peso: il mare, sullo sfondo, era una macchia di puro colore, le montagne che la notte erano apparse temibili, piene di agguati, sembravano ammassi di vapore sul punto di dissolversi e la torva Palermo stessa si stendeva acquetata intorno ai Conventi come un gregge ai piedi dei pastori (*Ibidem*, p. 48).

8 Venere brillava, chicco d'uva sbucciato, trasparente e umido, e di già sembrava di udire il rombo del carro solare che saliva l'erta sotto l'orizzonte; presto s'incontravano le prime greggi che avanzavano torpide come maree, guidate a sassate dai pastori calzati di pelli; le lane erano rese morbide e rosee dai primi raggi; poi bisognava dirimere oscuri litigi di precedenza fra i cani da mandria e i bracchi puntigliosi, e dopo questo intermezzo assordante si svoltava su per un pendio e ci si trovava nell'immemoriale silenzio della Sicilia pastorale. Si era subito lontani da tutto, nello spazio e ancor più nel tempo. Donnafugata con il suo palazzo e i suoi nuovi ricchi era appena a due miglia ma sembrava sbiadita nel ricordo come quei paesaggi che talvolta s'intravedono allo sbocco lontano di una galleria ferroviaria; le sue pene e il suo lusso apparivano ancora più insignificanti che se fossero appartenuti al passato, perché rispetto all'immutabilità di queste contrade fuori di mano sembravano far parte del futuro, esser ricavati non dalla pietra e dalla carne ma dalla stoffa di un sognato avvenire estratte da una Utopia vagheggiata da un Platone rustico e che per qualsiasi minimo accidente avrebbe anche potuto conformarsi in foggie del tutto diverse o addirittura non essere; sprovviste così anche di quel tanto di carica energetica che ogni cosa passata continua a possedere non potevano più recar fastidio (*Ibidem*, p. 94).

9 Ho fatto lunghe e belle passeggiate a piedi in quelle piccole affascinanti vallette tutte frastagliate e piene d'acque correnti che si trovano là dietro. Un paesaggio tutto greco, nel senso della Grecia pastorale, Arcadia ecc., questo genere di cose. Pensa che abbiamo addirittura trovato nel bosco di già le prime fragole, ancora rosa e verdi *(Lettere a Licy,* p. 64).

10 [...] La campagna è piena di rose rosse, di mandorli fioriti, di narcisi selvatici e con gli alberi carichi di limoni è veramente una bellezza (*Ibidem*, p. 73).

11 Così parlammo della Sicilia eterna, di quella delle cose di natura; del profumo di rosmarino sui Nebrodi, del gusto del miele di Melilli, dell'ondeggiare delle messi in una giornata ventosa di Maggio come si vede da Enna, delle solitudini intorno a Siracusa, delle raffiche di profumo riversate, si dice, su Palermo dagli agrumeti durante certi tramonti di giugno. Parlammo dell'incanto di certe notti estive in vista del golfo di Castellammare, quando le stelle si specchiano nel mare che dorme e lo spirito di chi è coricato riverso fra i lentischi si perde nel vortice del cielo mentre il corpo, teso e all'erta teme l'avvicinarsi dei demoni (*La sirena*, p. 407).

12 11 febbraio 1943 [...] La campagna è deliziosa, tutta in toni di grigio delicatissimi: il grigio argenteo degli olivi si fonde con il grigio perla del cielo e i mandorli già fioriti gettano appena sul paesaggio delle ombre di luce bianca rosata e rosa biancastra. Gli alberi hanno già le gemme gonfie mentre altri hanno ancora le foglie dorate. Fra una settimana sarà primavera. Il mare sembra di latte e le isole vi sono poggiate sopra come dei grossi fiocchi di fumo. Intorno alla nostra futura casa i limoni sono carichi di frutti. C'è un albero stranissimo carico allo stesso tempo di grossi limoni e di grosse arance dalla buccia cosi spessa e rugosa da sembrare quasi una materia animale (*Lettere a Licy*, p. 74).

13 Al mattino il mare color di tortora come una tortora si doleva per le sue arcane irrequietudini, ed alla sera s'increspava, senza che si percepisse brezza, in un digradare di grigi-fumo, grigi-acciaio, grigi-perla, soavissimi tutti e più affettuosi dello splendore di prima [...] Anche l'umore di Lighea traslocava dallo splendore all' affettuosità del grigio (*La sirena*, p.427).

VIII. La Sicilia de los extranjeros
Natale Tedesco

Si queremos servirnos de la metáfora del viaje como deseo de conocer lo otro, lo diverso, y como posibilidad de reconocernos a nosotros mismos, se puede observar que los viajeros extranjeros, seguros de su propia identidad, vienen a la isla para comprender su clara diversidad; los sicilianos viajan para reconocerse a sí mismos y a su propia identidad a través de la identidad de los otros, y sobre todo para afirmarla. La paradoja de dicho recorrido se encuentra en el hecho de que el orgullo desmedido con que lo realizan les impide explicar la fuerte y desbordante individualidad de su condición, que también poseen y que los extranjeros intuyen, por la que están fascinados y de la cual, sin embargo, sólo raramente están dispuestos a comprender sus complejas razones. En Sicilia los viajeros encuentran además lo que, según su formación y sus deseos, creían querer encontrar.

Las imágenes de Luigi Pirandello y de Leonardo Sciascia del mar que aísla y, todo lo contrario, del mar que, para bien y para mal, en positivo y en negativo, une con el mundo, nos ofrecen el sentido profundo y las figuras, al mismo tiempo naturales y metafóricas, de la dinámica siciliana. Una dinámica que se adquiere valor en el encuentro de su dimensión autóctona con esas presencias internacionales que han sido relevantes para la formación y la toma de conciencia cosmopolita de su cultura.

Al interrogarnos sobre la identidad de Sicilia (y de su cultura), en referencia a la duplicidad de dicha dinámica, es necesario decir que ésta consiste en reconocer y acoger lo diverso; y al contrario, que su diversidad está precisamente en esa identidad (impura) que se constituye cultivando las diferencias.

La identidad unívoca de los centros de los que procedían los viajeros, el bagaje y el ideal de cultura de los que eran portadores (aunque todo esto podía ser puesto en crisis, como en el caso de Johann Wolfgang Goethe al comienzo de su *Viaje a Italia*) y de los que buscan confirmación en la isla, chocaba con la identidad de la isla a la que llegaban, esa pluralidad típica de las periferias y también de las moradas de frontera, con su entramado de gentes y de culturas. Debían ser capaces de captar su multietnicidad antropológica y su eclecticismo artístico.

La insularidad de Sicilia, abierta, apta para la recuperación y para una nueva propuesta de patrimonios heterogéneos, y también unitaria y originalmente remodelados, ha hecho difícil, y sobre todo variado, emprender esa aventura de vida y de conocimiento que los viajeros extranjeros han vivido en nuestra morada en diferentes momentos. Por otra parte, si el viaje en general (no el turismo de masas) ha sido y es una modalidad fundamental para el conocimiento, para el intercambio y el desarrollo de las civilizaciones, es especialmente cierto que, en el pasado, sin los viajeros extranjeros y sus reseñas, habríamos tenido una imagen limitada de Sicilia y su civilización no habría sido conocida de forma adecuada, contribuyendo además, esos viajeros y sus obras, a estimular en los isleños un conocimiento directo de la sociedad de la que proceden, distinta de esa otra que ha sido provocada por los intercambios artísticos y culturales. Los encuentros entre las personas han facilitado la curiosidad de las sociedades por las sociedades de procedencia.

En 1672 Albert Jouvin de Rochefort, en su *Voyage d'Italie et de Malthe*, sabe apreciar obviamente los espacios barrocos, los «aparatos sin duda fastuosos» de Palermo, en relación con la Roma de Bernini, y sobre todo con la suntuosidad y la grandiosidad de los edificios madrileños, con un interés por la arquitectura y por el urbanismo modernos que le facilita observaciones agudas sobre las costumbres de las hospederías. Pero es necesario esperar a los viajeros del siglo XX para que a la formalización barroca se le asigne la centralidad que le corresponde en el imaginario colectivo siciliano, donde los confines entre ficción y realidad se entrecruzan.

Por otra parte, el acercamiento a la sociedad y a la cultura de la isla se produjo de una manera diferente, incluso en un mismo siglo, en el gran y articulado siglo XVIII, con la consecuencia de que la percepción de Sicilia se presenta sustancialmente de dos maneras. Dicha acogida refleja la doble alma isleña, partida en dos entre el orden y la regla que presiden lo clásico, y la subversión y la excepción que conforman el barroco. Antes de entender cómo estas instancias concurren para constituir un único patrimonio isleño, la diversidad de Sicilia induce a un contraste de resultados a partir de los análisis llevados a cabo por los viajeros. Positivas son la mirada y las consideraciones sobre lo antiguo; negativas las consideraciones sobre el presente. Y también hay que admitir que, si bien mostraban un gusto cerrado, una mirada miope al olvidar o incluso condenar la producción artística no clásica, hasta llegar a la paradoja de Dominique Vivant Denon que en su *Voyage en Sicile* (1788), rechaza la reconstrucción de Catania después del terremoto porque se hizo bajo el signo del barroco, por otra parte tenían muchas razones para criticar a las instituciones políticas y sociales de la Sicilia de su tiempo. Como hicieron Jean Baptiste Labat y Friedrich Münter, con más motivo puesto que ellos, al igual que Patrick Brydone, sabían apreciar las librerías de las ciudades sicilianas, la doctrina de los estudiosos aristócratas y el conocimiento de las lenguas y las literaturas extranjeras, especialmente de la inglesa. Brydone que, además, es uno de los viajeros más idóneos para captar el clima intelectual, es capaz de usar una sutil ironía cuando, en *A Tour through Sicily and Malta* (1773), nos habla del 'cuerpo de guardia' compuesto por bribones y de la relación clientelar, de una primera especie de mafia, entre el príncipe que protege a los bandidos y aquellos que lo protegen a él y que visten la librea «amarilla y verde con bordados de plata y llevan también un distintivo del ínclito cuerpo al que pertenecen, que les confiere por derecho el temeroso respeto de todos»

La búsqueda de la Sicilia del mito clásico atraviesa toda la literatura odepórica del siglo XVIII, siguiendo el modelo del neo-helenismo adoptado por Johann-Hermann Riedesel, Denon y Goethe, de aquel Goethe que perseguía no sólo la antigüedad siciliana, sino sobre todo su perennidad natural, la mitológica feracidad de la tierra. También Münter forma parte del lote, aunque el masón, a pesar de estar guiado por la fuerte cultura clásica, no escatima apreciaciones sobre edificios e iglesias de otro gusto.

Parecerá increíble, aunque exaltante, que el mito de Sicilia como esencia griega que continúa existiendo, como una Grecia encontrada antes de la misma Grecia, llegue a retroceder, atravesando sus amados escritores europeos, hasta Giuseppe Tomasi di Lampedusa que, en los vallecillos y los arroyuelos que rodean a la Villa de los primos Piccolo, descubre «un paysage tout à fait grec, je veux dire de la Grèce pastorale» («un paisaje absolutamente griego, quiero decir de la Grecia pastoril».

Viajes dentro del viaje deben considerarse también los rituales, bastante diferentes sin embargo, de las subidas al Etna y las visitas al palacio del príncipe de Palagonia en Bagheria.

El cuento del Etna tiene su arranque en la educada prosa literaria de Patrick Brydone, aunque está muy atenta también a las anotaciones sociológicas. Es una narración ágil, irónicamente vivaz en lo que respecta a los indígenas montañeses y muy inglesa en el espacio que le concede a la preparación del té, y sin embargo, entre observaciones científicas y retratitos de pequeños personajes, se comprende que el escritor mira a otro lugar. La subida al monte hasta alcanzar la cima, a pesar de que Goethe, por boca del caballero Gioeni, insinúa que el inglés no había «llegado muy alto», pretende adquirir valor como el resultado de una ascensión espiritual:

> Sin embargo, aquí, cualquier descripción sería inadecuada, porque no hay imaginación en el mundo que haya tenido la osadía de representar una escena tan maravillosa. Ni tampoco hay en

la superficie del globo otro punto que reúna en sí tantos detalles impresionantes y sublimes: la altura inmensa de la superficie terrestre puede decirse que se concentra en un solo punto, sin que haya cerca una sola montaña sobre la que descansar los sentidos y la imaginación, de manera que puedan recuperarse del estupor mientras vuelven a bajar al mundo. La cima o cumbre surge sobre el borde de una vorágine sin fondo, antigua como el mundo, y a menudo erupciona ríos de fuego y lanza piedras incandescentes con un fragor que hace temblar toda la isla. Aún más, hay una vista que se extiende sin fin y que comprende en sí mil cosas diferentes y los escenarios naturales más espléndidos, con el sol naciente que avanza desde oriente para iluminar la portentosa escena. Toda la atmósfera comenzó a iluminarse de manera gradual, dejando resaltar mínimamente vagos detalles de un panorama sin límite. Mar y tierra estaban oscuros y confusos, como si estuvieran emergiendo en ese momento del caos originario, y luz y oscuridad parecían todavía indivisas; hasta que la mañana, avanzando poco a poco, no completó la separación. Las estrellan se apagaron en ese momento y las sombras desaparecieron. Los bosques que hasta entonces parecían abismos negros y sin fondo de donde no llegaba ni siquiera un reflejo que revelara la forma y el color, surgen a la vista como una nueva creación, adquiriendo vida y belleza de cada nuevo rayo de luz. La escena se extiende aún, el horizonte parece aumentar en amplitud y extenderse por cada lado; hasta que el sol, como el gran Creador, aparece por el oriente, y con su fuente de luz modela y completa la escena grandiosa. Todo es encanto, y nos resulta difícil creer que estamos todavía sobre la tierra. Los sentidos, distraídos de la escena sublime, están pasmados y confusos, y sólo después de un cierto tiempo retoman la capacidad de distinguir y valorar los diferentes objetos que son parte de aquella escena. Se ve el disco del sol que surge de las aguas. Inmensas zonas de mar y tierra toman cuerpo: las islas Lipari, Panarea, Alicudi, Stromboli y Vulcano con las cumbres humeantes aparecen a nuestros pies. Puedes mirar hacia abajo toda Sicilia como si fuese un mapa, puedes seguir cada río en todos sus meandros, desde el nacimiento hasta la desembocadura. La vista es ilimitada en cualquier dirección, y no hay dentro del espacio visual nada que la interrumpa, de modo que el ojo se pierde en cualquier parte en la inmensidad. [...] En cualquier caso, si sobre la tierra existe eso que se llama filosofía, ésta debe ser su morada. La vista es escasamente inferior a la que se disfruta desde la cumbre de la montaña, y la mente alcanza un grado de serenidad que bien pocos de entre los filósofos, creo, podrían presumir de haber gozado sobre esa tremenda punta. Toda la naturaleza se arrodilla a tus pies en su hábito más alegre y suntuoso, y puedes contemplar con una sola mirada todas las estaciones del año y todos los climas de la tierra. Nuestras meditaciones son siempre más elevadas cuanto más grandiosos y sublimes son los objetos que nos rodean: aquí, donde toda la naturaleza compite para atraer nuestra admiración, ¿qué mente podría permanecer inerte? Se ha percibido también, y por lo que amí respecta es verdad, que sobre la veta de las montañas más altas, donde el aire es tan puro y sutil, y donde ya no existe el inmenso peso de los densos vapores que afectan a la persona, la mente actúa con una libertad mucho mayor y todas las funciones del espíritu y del cuerpo se exaltan. Parecería que en la medida que nos vamos elevando por encima de las casas de los hombres, nos despojamos de todo sentimiento bajo y vulgar, y que el espíritu, aproximándose a las regiones etéreas, se libera de las pasiones terrenales y comienza a adquirir algo puro y celestial. Aquí, donde bajo un cielo sereno se contemplan con igual serenidad las tormentas y vendavales que se forman lejos de nosotros, a nuestros pies; donde se ven los rayos que atraviesan de nube a nube, y el trueno resuena en torno al monte amenazando destrucción a los pobres infelices de allí abajo, aquí la mente considera lejanas de su atención las pequeñas borrascas de las pasiones humanas. El lugar por sí mismo es suficiente para inspirar filosofía, y Empédocles tenía todos los motivos para escogerlo (P. Brydone, *A Tour through Sicily and Malta*).

La Sicilia de los extranjeros

Respecto a esta prosa, que incurre ciertamente en momentos de retórica, la crónica descarnada y desapegada de Goethe del mismo acontecimiento es poca cosa.

Una meta obligada del *tour* dieciochesco es, efectivamente, el palacio de los Gravina de Palagonia. Y se deben registrar dos momentos desafortunados: cuando el creador de la ornamentación y del decoro de la construcción vio rechazada su criatura por el gusto clasicista y racionalista de sus contemporáneos, y cuando los viajeros mostraron de forma más o menos mayoritaria una gran falta de sensibilidad, una incapacidad para abrirse a una concepción estética que les era extraña, implicando en su rechazo otros ejemplares del arte barroco y del arte no clasicista en su conjunto.

Normalmente es Brydone quien, incluso en su análisis crítico negativo, se las arregla mejor que los demás debido a su disposición fantástica, por la cual la villa le parece sin embargo un «castillo encantado», y aun dudando «si quedarse más asombrado por lo absurdo de la imaginación que lo creó, o por su prodigiosa fertilidad», tiene la sensación «de haber ido a parar al país de la ilusión y el encantamiento»; y aunque sea a regañadientes, debe admitir que ha escuchado del príncipe «discursos bastante agudos». Con Denon nos encontramos ante una crítica despiadada de la villa, incluso malhumorada y rencorosa, como si hubiese sido ofendido personalmente. En realidad es su gusto de cultor de antigüedades el que le causa ciertas desventuras. Un gusto que no le permite comprender la belleza de la Catedral de Palermo ni sentir interés por la Cappella Palatina. También Jean Houel, en su famoso texto *Voyage Pittoresque des Isles de Sicile, de Malthe et de Lipari* (1787), sintió un fuerte rechazo por la construcción bagheresa, por la sobreabundancia de objetos que la abarrotan, aunque a su texto le debemos descripciones precisas y a su mano de dibujante el grabado fiel y al mismo tiempo poético de la gran avenida de acceso a la villa.

En el caso de Goethe el interés del lector queda capturado por la representación del conflicto implícito entre dos fuertes personalidades: el gran escritor alemán y el príncipe siciliano. El cuidadoso examen del interior y del exterior de la villa, la acritud de las observaciones, aunque velada por una predisposición negativa, da la idea de la oposición. Se contraponen dos concepciones de la vida y del arte: un barroco atormentado, incluso un insistente rococó, frente a un clasicismo exasperado. El error de Goethe es que no reconoce posición intelectual alguna en la voluntad de Gravinia de encontrar un nuevo modo de figurar, que no entiende su deseo de llevar a cabo una burla del pasado y también del presente de sus moderados contemporáneos. Goethe, analizando las estatuas de la villa, escribe que «las figuras se han unido al azar y no por obra de la reflexión o de la voluntad» y, todavía irritado, hablará de una mitología increíble, vislumbrando entre ellas «personajes mitológicos con añadidos bufonescos, Aquiles y Quirón en compañía de Pulcinella... que tales figuras, que aparecen por docenas con una inventiva carente de sentido y de criterio, están amontonadas de manera indiscriminada y sin finalidad alguna», no pudiendo pensarse que se trataba de una tendencia compulsiva a la repetición.

La refinada formación cultural de la que habla el visitante polaco Michal Jan De Borch, la propensión a una subrepticia y enigmática ironía, puede hacer que, por lo que respecta a la concepción de la estatuaria, la 'locura' del Príncipe esté motivada por una posición intelectual anticlásica y antirrenacentista. Su manera de estar contra las reglas antiguas (aunque en otras partes de la villa mostró que había actuado conociendo la norma), siguiendo también la vía de una cierta heterodoxia post-siglo XVI, italiana y sobre todo nórdica, es lo que turbó a los clasicistas de finales del XVIII, a un paso del más depurado neoclasicismo.

Los efectos deformantes, que hoy llamamos expresionistas pero que antes podían haberse llamado barrocos con implicaciones rococó, a los que llegan las estatuas más originales del Palazzo Palagonia, los denominados monstruos de la espectacular recreación fantástica del Príncipe, confirman a su manera una propensión constante por parte de la actitud formal de la cultura siciliana. En buena parte del arte figurativo siciliano aparece el sentido de la superficie, de lo exterior, pero esta ampliación de las formas es una predisposición materialista a sacar al exterior, mediante ampulosidades y tortuosidades, los interiores de la conciencia. También la acumulación de objetos, si bien le sugiere a Goethe la imagen de una trapería, no le hace sospechar las razones de esta subversión, de esta explosión de materiales, claro está que deliberadamente más pobre.

Interrumpiendo el orden histórico de dicho análisis, suenan a refutación goethiana en la distancia las reflexiones del ruso Andrej Belyj quien, en sus *Cuadernos de viaje a Sicilia* de 1922 (traducidos y publicados en italiano por Giacoma Strano), determina con agudeza la «terrible duplicidad» de risa y llanto, de burla y gravedad, que es la esencia oximórica de las deformidades palagonesas y, al mismo tiempo, la causa de una elección arquitectónica:

Estatuas de piedra porosa miraban fijamente, las bocas abiertas de par en par, que rugían en el esplendor, en el aire ligero, entre mariposas variopintas: y aquel grito es como un llanto. Los rugidos antediluvianos de los monstruos atormentaban alrededor; entre las palmeras se entreveía el gesto obtuso de un macho cabrío; sin embargo no puedo decir que aquella acumulación revelara mal gusto... aquí el mal gusto representa el refinamiento de un gusto peculiar (Belyj, *Cuadernos de Sicilia*).

En su apoyo, más tarde, el alemán Karl Lohmeyer no sólo capta la matriz del «sublime grotesco palagónico» en el «consciente escarnio de la antigüedad» sino que redimensiona, además, su excentricidad respecto a análogas «moradas del capricho» europeas que «sobrepasan en mucho, y por desgracia, en ciertas faltas de gusto en las costumbres y en las frivolidades, a la Villa Palagonia», y que no poseen esa «coherencia en la insensatez» que constituye el rasgo distintivo de ésta.

Habrá que llegar a 1885, a un escritor como Guy de Maupassant, a las páginas de *La Sicile*, tan bien introducidas en la edición italiana por Gesualdo Bufalino, para entender, aunque con inexactitudes, la calidad orgullosamente ecléctica del arte siciliano:

> Después de haber visitado todos estos monumentos que, aunque eran de épocas y géneros diferentes, poseen un mismo carácter y una naturaleza idéntica, se puede afirmar que éstos no son ni árabes, ni góticos, ni bizantinos, sino sicilianos y se puede decir que

existe un arte siciliano y un estilo siciliano, siempre reconocible, que es ciertamente el más fascinante, el más variado, colorido y rico en fantasía de entre todos los estilos arquitectónicos. Y siempre en Sicilia se encuentran los ejemplos más espléndidos y completos de la arquitectura griega antigua entre paisajes de belleza incomparable (G. de Maupassant, *La Sicile*).

De una revisitación genial de lo que éste llama «un extraño y divino museo de arquitectura», del que él sabe comprender, de un modo distinto al de otros grandísimos escritores del siglo XVIII, ejemplos diferentes a lo largo del tiempo, como la Cappella Palatina o el templo de Segesta, se pasará a una extraordinaria y personalísima lectura de la figura escultórica de la Venus Landolina de Siracusa o a la anotación sociológica de la «desagradable explotación de la infancia» que tiene lugar en las minas de azufre de la colina infernal de Maccaluba:

> Donde termina la colina de los templos de Girgenti, comienza una sorprendente región que parece el verdadero reino de Satanás, pues, como se creía antes, el diablo habita un lugar subterráneo, lleno de azufre en fusión en el que hace hervir a sus damnificados, y ciertamente ha establecido en Sicilia su misterioso domicilio. Sicilia suministra casi todo el azufre del mundo. Las minas de azufre existen en milllares en esta isla de fuego. Pero, antes, a algunos kilómetros de la ciudad, uno se topa con una extraña colina llamada Maccaluba, hecha de arcilla y cal, y cubierta de pequeños conos

de dos a tres pies de altura. Parecen pústulas, una enfermedad monstruosa de la naturaleza; efectivamente todos los conos filtran fango caliente como una horrible supuración del suelo; a veces lanzan piedras a gran altura, y resuenan extrañamente emitiendo gas. Parecen gruñir, turbios, vergonzosos, pequeños volcanes bastardos y leprosos, abscesos agrietados (G. de Maupassant, *La Sicile*).

En qué medida persiste el amor por la antigüedad en la modernidad es algo que se ve en Aquille Segard, en Camille Mauclair (a sus obras, aún no traducidas en Italia, queremos hacer referencia en este aspecto, aunque éstos se ocupan, y no por casualidad, de otros momentos de la civilización artística de la isla). Tanto en el primero como en el segundo, la elegancia de la escritura quiere recuperar y glosar la de la relación entre cosas, objetos y, naturalmente, monumentos y paisaje. Una prosa estimulada por una *sensiblerie*, donde el ver estimula el sentir, pero el sentir predispone al ver.

En el libro de 1909 titulado emblemáticamente *Terres antiques, la Sicile*, Segard nos ofrece notables fragmentos de esta disposición. Aquí, como en un cuadro, vemos a Taormina, que «habita ligada en el recuerdo a uno de los más elegantes paisajes del mundo»: «Amarilla y blanca al sol, en medio de la ladera de la montaña, delante del mar de un azul intenso, que domina una hermosa playa excavada por calitas sinuosas y como dibujadas por las olas». Y un poco más adelante, el poeta parisino, educado en un vedutismo pictórico post-impresionista, notando el acuerdo monocromático entre monumento y paisaje, escribe: «Estatuas y ornamentos sobriamente esculpidos resaltaban en un bello conjunto arquitectónico. Era un acuerdo discreto de líneas, de colores y de volúmenes, una monocromía en sintonía con todo el paisaje».

Y casi treinta años después, no hay que olvidar a Mauclair, en su libro *L'ardente Sicile*, tanto cuando señala que desde el claustro ojival del Duomo de Cefalú «se descubre el panorama de la ciudad y del mar desde Cabo Zafferano a las vaporosas islas del Archipiélago de las Lipari», como cuando detiene, a la hora del crepúsculo, el templo de la Concordia de Agrigento: «despierta un melancólico estupor este edificio puro, silencioso, aislado para siempre en el recuerdo de los muertos». Pero el ensayista francés, al ponderar los templos de Selinunte, hace un comentario que tiene la finalidad de dar ventaja a los monumentos sicilianos frente a los griegos. «La impresión que produce este montón de ruinas es extraordinaria. Nos sentimos conmovidos por la evidente tendencia a lo colosal que los arquitectos de la Hélade no sintieron jamás y que parece haber obsesionado a los Griegos de Sicilia»; la marcada propensión a lo colosal es determinante para él, por lo que se convierte en un signo distintivo de la manera de construir de los sicilianos.

Segard y Mauclair preceden a Roger Peyrefitte en su atención a la hora de captar, de fundir los monumentos en el paisaje. Peyrefitte conoce ciertamente mejor la cultura clásica, se ha preparado mejor sobre toda la civilización isleña e intenta leerla en su complejidad, además de querer ser más seguro y más libre en sus invenciones 'novelescas'. Véase el incipit de la parte siciliana de su obra *Du Vésuve à l'Etna* (1952):

> Ninguna otra isla alza una frente más radiante sobre el horizonte de nuestra civilización. Incluso

un frontón, como el de un templo. Y tiene la forma que ha recibido de la naturaleza y que las líneas del Etna repiten. Se dirige hacia tres continentes y reúne las características de ellos. Tres veces, en el curso de los siglos, ha sido el centro más espléndido del mundo mediterráneo.

Una tierra similar no podía no ser el país de las fábulas. En la Antigüedad compitió con los lugares más sagrados de Grecia: afirmaba, entre otras cosas, que el cultivo del trigo había sido revelado a los hombres en sus tierras y no en Eleusi. La isla de Ceres era también la isla de Venus, con el famoso templo de Erice, la isla de Vulcano, donde tenía su fragua, la isla en la que Júpiter raptó a Proserpina, a quien se le había donado en memoria del rapto. De buena gana, el propio Júpiter aceptaba el epíteto de Etneo, y Virgilio, queriendo adular a las Musas, las llamaba sicilianas. Posteriormente el cristianismo dio las conmovedoras figuras de Santa Lucia a Siracusa, de Santa Ágata a Catania y de Santa Rosalía a Palermo, que, en cierto sentido, constituyen el triángulo cristiano de Sicilia. Cuántos nombres, cuántos hechos habría que citar, para poder echar un vistazo a la historia propiamente dicha (R. Peyrefitte, *Du Vésuve à l'Etna*).

Y efectivamente, él citará muchísimos nombres y hechos, libros y monumentos. Pero léanse otros dos lugares del inicio de la obra:

El paisaje siciliano es una mezcla de exuberancia italiana y sobriedad griega. Como notas dominantes tiene el naranjo, el olivo, el pino, el ciprés, el agave, la chumbera o higo de Barbaria. Tiene los perfumes de la jarilla, del mirto y del lentisco, del iris, de la ginesta, de la violeta y de la onagra; en febrero el asfódelo y los almendros en flor la revisten de rosa y de blanco. A esta vegetación mediterránea, en los jardines de la isla, se suman numerosas plantas tropicales que, después de un siglo, se han aclimatado bien. A tal propósito notamos que el naranjo, el mandarino, y el limonero, hoy día cultivados en todas partes, han sido importados desde el Oriente sólo a partir de la Edad Media; lo que era para los romanos la isla del trigo, es para nosotros la isla de los limones, de las mandarinas y de las naranjas. [...] la población de Sicilia presenta la misma variedad de su paisaje, de su arte y de su historia. La costa que mira hacia Grecia y que fue la primera en acoger a los navegantes griegos, nos ofrece todavía el tipo griego, como también la zona de Agrigento. El tipo rubio no es extraño, especialmente en la zona montañosa donde quizás se asentaron los Normandos y los Angioinos. A veces en el mismo pueblo se encuentran reunidos diferentes tipos de razas, como muestra una curiosa fotografía de un grupo de muchachos, hecha no hace mucho tiempo por el barón Von Gloeden. Este pueblo de vestidos simples, de virtudes patriarcales y de carros pintados, transcurre la vida, contrariamente a la leyenda, dividiéndose entre fatigas obstinadas y fiestas ingenuas. [...] Pero para conocer la amabilidad del pueblo siciliano es necesario haber visto sus fiestas religiosas con sus fuegos artificiales, y sus peregrinaciones con sus milagros. ¿Dónde terminar mejor que en Taormina este periplo de Sicilia? Ningún otro lugar parece adaptarse mejor al deseo de Horacio: allí es donde se querría vivir «olvidado y olvidando», *oblitus... obliviscendus*. Sobre esa colina, entre aquellos dos golfos, a los pies de aquellas montañas, se recogen las muestras de lo más perfecto que esta tierra divina ofrece: Taormina es para Sicilia lo que Sicilia es para el mundo (R. Peyrefitte, *Du Vésuve à l'Etna*).

En una metafórica lectura de la cartografía de la isla, la mitología y la historia, el paisaje y la sociedad se encuentran. Peyrefitte quiere celebrar plenamente la relación que, en su opinión, se ha establecido en Sicilia entre naturaleza e historia: una naturaleza revisada y revivida en la historia y la historia que se materializa en la naturaleza. O bien la simbiosis entre la fisonomía naturalista de la isla y las distintas fases de su civilización; como si tal fisonomía hubiese somatizado las señales de las 'otras' presencias a lo largo del tiempo.
Palermo «es ciudad griega por sus orígenes, por su luz y por las metopas de su museo, dignas de las de Olimpia. Es romana por el recuerdo de sus luchas contra Cartago y por los mosaicos de la villa Bonanno. Es árabe por las pequeñas cúpulas de algunas de sus iglesias, herederas de las mezquitas. Es francesa por la dinastía de los Altavilla que la embellecieron. Es alemana por

las tumbas de los Hohenstaufen. Es española por Carlos V. Es inglesa por Nelson y Lady Hamilton. Es sorprendente que los furiosos bombardeos de la última guerra no hayan destruido más obras de arte en esta capital que en toda Sicilia: tres o cuatro pequeñas iglesias y dos o tres edificios. La ciudad es tan rica que puede pagar un tributo semejante a la mala suerte. Por lo demás, la seducción de sus habitantes supera a la de sus piedras y no tiene nada que temer de los acontecimientos». Después de esta síntesis encaminada a reunir las piezas de la civilización siciliana, casi hasta rechazar al final la exaltación clasicista aunque para promover otra, dándole un espesor, o al menos un corte, definitorio, que Jouvin, aun captando la cualidad de la civilización de su tiempo, no habría podido dar nunca, Dominique Fernandez, en *Le promeneur amoureux, de Venise à Syracuse* de 1980, considera que de las formas más conocidas de la cultura artística siciliana la «más auténtica» es la barroca. Más aún, ésta es la más significativa en la medida en que está ligada a las modalidades del sentir, del comportarse, del angustioso interrogarse de «un pueblo que duda trágicamente de sí mismo y le exige a las formas creadas una prueba de su propia existencia».

Es evidente que el sentido del viaje a Sicilia puede tener aquí un alto; y mientras tanto impulsa a reconsiderar en un plano más general –cosa que no había faltado nunca del todo y a la que he dado mi personal contribución– algo que era considerado como un aspecto particular, es decir, el arte barroco.

Si quisiéramos acudir a los escritos de viaje más allá de la modernidad del siglo XX, permaneciendo siempre en Sicilia, podríamos dirigirnos a los de los narradores isleños, es decir a *Le città del mondo* de Elio Vittorini y a *Le pietre di Pantalica* de Vincenzo Consolo.

Textos de referencia

M. J. Borch (de), *Lettres sur la Sicile et sur l'île de Malte, ècrites en 1777 pour servir de supplèment du voyage en Sicile et a Malthe de monsieur Brydone* (1782). Ed it. parcial en *Incontro a Palermo*, a cura di A. Mozzillo, Napoli 1993, p. 67-87.

P. Brydone, *A Tour through Sicily and Malta* (1773). Ed. it. *Viaggio in Sicilia e a Malta nel 1770*, a cura di V. Frosini, trad. di F. Marenco e M. E. Zuppelli, Longanesi, Milano 1968. Ed esp. *Viaje de Pablo Brydone á Sicilia y á Malta hecho en el año de 1770*, trad. de S. de Alvarado y de la Peña, Madrid 1833.

D. V. Denon, *Voyage en Sicile* (1788). Ed. it. *Viaggio a Palermo*, intr. di C. Ruta, Edi.bi.si, Palermo 2000.

J. W. Goethe, *Italienische Reise* (1816-1817). Ed. it. *Viaggio in Italia*, trad. di E. Castellani, commento di H. Von Einem, pref. Di R. Fertonani, Milano 1933. Ed. esp. *Viaje por Italia*, trad. De M. Scholz Rich, Iberia, Barcelona 1956.

J. Houël, *Voyage Pittoresque des Isles de Sicile, de Malthe et de Lipari* (1782). Ed. it. *Viaggio in Sicilia e a Malta*, a cura di G. Macchia, G. Vallet e L. Sciascia, trad. di M. F. Bonaiuto e A. De Somma, «Storia di Napoli e della Sicilia» Società editrice, Palermo-Napoli 1977.

A. Jouvin De Rochefort, *Voyage d'Italie et de Malthe 1672*, a cura di L. Dufour, trad. di P. Cotroneo e L. Dufour, Sanfilippo, Catania 1995 (texto francés en apéndice).

G. De Maupassant, *La Sicile*, 1886. Ed. it. *La Sicilia*, intr. di G. Bufalino, nota di G. Scaraffia, Sellerio, Palermo 1990.

R. Peyrefitte, *Du Vésuve à l'Etna*, Flammarion, Paris 1952. Ed. it. *Dal Vesuvio all'Etna*, intr. di G. Bufalino, trad. di E. Papa, postfazione di G. Quatriglio, Lombardi, Siracusa 1992.

N. Tedesco, *Viaggi in Sicilia. arte, cinema, teatro*, Bonanno editore, Acireale-Roma 2005.

IX. Guía literaria de Sicilia
Nota y apéndice bio-bibliográfico
a la edición española
Leonarda Trapassi

La memoria literaria de los lugares o los lugares de la memoria literaria, espacios imaginarios y concretos. Así podría definirse también el atento y minucioso recorrido de este libro. Las diferentes etapas del viaje literario se establecen a través de retratos, historias y narraciones que de la isla de Sicilia y de los sicilianos ofrecen algunos de sus más conocidos escritores del siglo XX, pero también a través de la mirada de otros autores –sicilianos y de otras regiones italianas –e incluso de escritores y viajeros de otros países y de épocas anteriores que la han visitado.

Precisamente a propósito de la peculiar y privilegiada óptica del viajero, el ilustrado Johann Gottfried Seume en su crónica de viaje a Sicilia de principios del siglo XIX (*Paseo a Siracusa en el año 1802*), realizado dieciséis años después de Goethe, observaba que quien viaja a pie en general ve antropológica y cósmicamente más respecto a quien utiliza un medio de locomoción. Su viaje, que por lo demás tiene el carácter del viaje clásico, se enriquece de observaciones y comentarios sobre la vida cotidiana de los sicilianos y las condiciones de vida en la isla de aquel tiempo.

La misma actitud y disponibilidad de ver casi a cámara lenta, sopesando no sólo la topografía, sino también el paisaje interior, construyen poco a poco los panoramas aquí dibujados que se alejan de cualquier fácil evocación de mitos y estereotipos insulares. El imaginario literario se transforma así en espejo que refleja tanto las diferentes percepciones de espacios conocidos, cercanos y familiares, como la mirada sobre espacios nuevos, ignotos y de alteridad.

Esta edición española de *Los lugares de los escritores*[1] pretende ser un homenaje especial a la literatura siciliana y a sus lugares. Los ensayos de este volumen en efecto integran, completan y profundizan la imagen que de la cultura siciliana se ha ido

---

[1] La idea de publicar *I luoghi degli scrittori. Guida letteraria della Sicilia* (ed. Domenica Perrone, Bonanno, Acireale-Roma 2007) en edición española nace de la colaboración entre la Facultad de Filología de la Universidad de Sevilla y la «Facoltà di Lettere» de la Universidad de Palermo que se ha llevado a cabo con una serie de conferencias sobre los lugares de los escritores organizada en octubre de 2008 en Sevilla, dentro del marco de las actividades sobre literatura y cultura sicilianas y de los encuentros con escritores y promovida por el grupo de investigación ILLE «Interculturalidad. Lengua y literaturas europeas» (HUM -851). La edición de este libro ha sido financiada a través del programa de Incentivos de Actividades Científicas de la Consejería de Innovación, Ciencia y Empresa de la Junta de Andalucía (ref: 1/2008-IAC08-I-3104).

Quisiéramos dar las gracias a Alejandro Luque, por haber puesto a disposición su rica biblioteca personal de literatura siciliana en edición española; Miguel Ángel Cuevas por sus preciosos consejos de experto traductor literario; Javier Martos por la revisión final del manuscrito y Alessandro Scanu por la colaboración redaccional.

esbozando en el ámbito de un espacio cultural afín y diferente al mismo tiempo, como es el caso de España. Se propone con este itinerario una oportunidad, para el lector español, de «andar per la Sicilia», y, podríamos añadir, de andar por Sicilia a través de la literatura– parafraseando a Leonardo Sciascia, uno de los autores que nos acompañan en esta guía. En este sentido, a lo largo de este viaje de papel se podrán quizá reconocer similitudes y disimilitudes, «correspondencias y cristalizaciones», en una situación especular a aquella que percibió el mismo Sciascia, viajero siciliano del siglo XX por los libros y los lugares españoles, que en *Ore di Spagna*, observa que «andar per la Spagna è, per un siciliano, un continuo insorgere della memoria storica, un continuo affiorare di legami, di corrispondenze, di 'cristallizzazioni'» («andar por España es, para un siciliano, un continuo manifestarse de la memoria histórica, un continuo salir a la luz de relaciones, correspondencias, 'cristalizaciones'» (*Ore di Spagna*, p. 59).

Por otro lado se proponen aquí espacios y perspectivas a través de obras no sólo de autores muy conocidos y traducidos al español, como Verga, Pirandello, Lampedusa o Sciascia, sino también de escritores cuya producción es todavía inédita y poco conocida en España, como Savarese y D'Arrigo. Las imágenes de este viaje literario quizá podrán despertar el interés y la curiosidad en profundizar las lecturas y seguir las huellas también de éstos últimos o incluso emprender la aventura filológica de la traducción de otros textos a los que todavía no tiene acceso el público español.

En su sentido pragmático de guía, el volumen podrá ser útil para reflexionar, tomar contacto o intensificarlo con paisajes y panoramas leídos y/o vividos, permitiendo dibujar un mapa ideal de lugares literarios sicilianos tanto para un estudioso de literatura como para un viajero.

Los lugares reales y fantásticos, y los autores sicilianos que Domenica Perrone ha elegido para este itinerario se inspiran fundamentalmente en los itinerarios de los «parques literarios»[2] sicilianos. Pero naturalmente no se pueden descuidar otros lugares y otros autores de la isla que no tienen asignado todavía un espacio propio en la red de los parques. Sobre todo el primer ensayo introductivo de Domenica Perrone propone un recorrido más amplio, y el último, de Natale Tedesco, aborda autores de crónicas de viaje a Sicilia, casi todas inéditas en España, desde Albert Jouvin de Rochefort que visita la isla en 1672 hasta Roger Peyrefitte, viajero de mitad del siglo XX.

En cuanto a la edición de los textos, se ha optado por ofrecer en versión original los fragmentos literarios de las obras y los poemas italianos citados en las notas al final de cada ensayo. Las traducciones españolas sin embargo se han incorporado en el texto y, si no se indica la referencia de la edición española, han sido realizadas expresamente para esta edición. Se trata aquí simplemente de una primera propuesta de traducción (en particular en el caso de los fragmentos de *Horcynus Orca*, por la complejidad de la lengua y por la naturaleza de la obra). En general, de hecho, toda operación de reescritura traductiva conlleva un atento trabajo hermenéutico y estrategias globales, que aquí, tratándose de fragmentos, han tenido que realizarse contextualmente.

---

[2] Se trata de espacios de iniciativas culturales y turísticas, dedicados a escenarios y lugares que han inspirado la obra de escritores, literatos y pensadores. La creación e institución, a partir de 1992, de una red de *Parchi Letterari* fue originalmente impulsada por la «Fondazione Ippolito Nievo» en colaboración con administraciones públicas y empresas privadas, y se añade a las más clásicas estructuras de las Casas-museos o archivos y centros de estudios dedicados a los escritores, como la Casa Manzoni en Milán o la Casa Verga en Catania.

Para el viajero por la isla y usuario español de esta guía literaria se añade una sección bio-bibliográfica sobre los escritores que componen este viaje siciliano y sobre su producción literaria.

Guía bio-bibliográfica

La información de esta guía bio-bibliográfica integra las referencias al final de cada capítulo, ofreciendo sólo una primera orientación sobre vida y obras de los escritores sicilianos tratados en los ensayos monográficos de este volumen, sus principales obras y ediciones españolas. El orden en el que aparecen los perfiles sobre vida y producción literaria de los autores respeta la secuencia del índice de este libro. Las referencias bibliográficas incluyen ciudad y año de la primera publicación de la obra en Italia. La información sobre las traducciones al español aparece entre paréntesis o al final de cada sección (en el caso de colecciones de relatos u obras teatrales). No se han podido incluir aquí todas las traducciones existentes de la misma obra. Se indica sólo una de las traducciones disponibles más recientes o presentes en el fondo de la Biblioteca Nacional de Madrid.

STEFANO D'ARRIGO (Alì Terme, Messina, 1919 – Roma 1992) transcurre su infancia entre su pueblo natal en la costa jónica del estrecho de Messina y Milazzo, adonde se muda en 1929. Durante la guerra cumple el servicio militar en la región del Veneto, desde donde es trasladado posteriormente a Sicilia. En 1942 se licencia en Letras en la Universidad de Messina con una tesis sobre Hölderlin. En 1946 se traslada definitivamente a Roma, donde trabaja para varios periódicos como crítico de arte y colabora con la revista «Vie Nuove». En 1950 comienza la primera redacción de *Horcynus Orca*, la novela que le dará notoriedad y lo tendrá ocupado durante más de veinte años. En 1957 debuta como poeta con la publicación de la colección de versos *Codice siciliano*. En 1960 aparece en el número 3 de «Il Menabò» de Vittorini y Calvino la primera parte de la novela: dos capítulos con el título *I giorni della fera*. Tenía que haber sido el preludio de una novela de inminente publicación. Sin embargo, una vez terminada la estructura narrativa, comienzan un largo y complejo trabajo lingüístico, y continuas correcciones, reescrituras y variantes hasta 1957. La publicación de la novela se convirtió en un caso literario en Italia. Se trata de la narración de un viaje de regreso imposible y metafórico a la Sicilia de 1943. Por las dificultades de traducción, ligadas a la originalidad del pastiche lingüístico, combinación de lengua culta, dialecto siciliano y neologismos, la novela, al igual que las otras obras, todavía no ha sido traducida a ninguna otra lengua. Sólo existen traducciones parciales en obras antológicas. En 2000 se publicó en la editorial Rizzoli *I fatti della fera*, primera redacción del texto.

Obras
Poesía: *Codice siciliano*, Milano 1957. Novelas: *Horcynus Orca*, Milano 1975; Milano 2003; *Cima delle nobildonne*, Milano 1985; *I fatti della fera*, Milano 2000.

GIOVANNI VERGA (Catania, 1840 – Catania, 1922), nacido en una familia de origen noble, durante el periodo de su primera formación literaria en Sicilia publica la novela histórica *I carbonari della montagna* (1861), que refleja temas de inspiración política, y comienza a colaborar con el periódico «L'Italia contemporanea». Entre abril y septiembre de 1869 se muda a Florencia y tres años después a Milán, donde entra en contacto con intelectuales y literatos, y donde residirá más de veinte años. A partir de la mitad de los años 60 escribe novelas de costumbre y de ambiente mundano, que narran historias pasionales y dramáticas (*Una peccatrice,*1866; *Eva*, 1873; *Eros*, 1873; *Storia di una capinera*, 1871). El relato *Nedda* (1874), ambientado en una Sicilia rural, de gente sencilla y humilde, supone sin embargo un cambio literario importante. Sus colecciones de cuentos *Vita dei Campi* (1880) y *Novelle rusticane* (1883) anticipan las temáticas presentes en las novelas mayores de la época verista. El mismo Verga elabora una versión teatral (representada en 1884) del relato *Cavalleria Rusticana* (de la colección *Vita dei campi*), que en 1890 se convierte en opera, con música de Pietro Mascagni. En 1874 Verga empieza el boceto *Padron 'Ntoni - progetto marinaresco*, primer núcleo de la novela *I Malavoglia*. En 1878 Verga comienza a trabajar en un ambicioso proyecto, el ciclo *I vinti*, cinco novelas en las que, según los cánones de la nueva poética verista, se estudian los mecanismos de la lucha de la humanidad por el progreso en la vida cotidiana y en diferentes niveles sociales. En 1881 la editorial Treves publica la primera novela del ciclo, *I Malavoglia*, historia de una familia de pescadores sicilianos, y en 1889 *Mastro-Don Gesualdo*. También en esta segunda novela, historia de la lucha del protagonista por conseguir y defender la posición social y económica adquirida, la ambientación es siciliana y la lengua refleja con técnica refinada la realidad de fondo de la novela. En 1896 Verga trabaja en *La duchessa di Leyra*, que debería ser la tercera novela del ciclo, que, al igual que las sucesivas, *L'Onorevole Scipioni* y *L'uomo di lusso*, nunca verán la luz.

Verga pasa sus últimos años de vida en Catania, manteniendo una posición de aislamiento respecto a la vida literaria. En 1919 escribe su último relato, *Una capanna e il tuo cuore*, publicado de manera póstuma por Federico De Roberto.

Obras

Novelas: *I Carbonari della montagna*, Catania 1861-1862; *Una peccatrice*, Torino 1866; *Storia di una capinera*, Milano 1871 (*Historia de una curruca*, Diana, Madrid, 1935); *Eva*, Milano 1873 (*Eva*, Diana, Madrid 1936); *Tigre reale*, Milano 1875; *Eros*, Milano 1875 (*Eros*, Gadir, Madrid 2009); *I Malavoglia*, Milano 1881(*Los malavoglia*, Cátedra, Madrid 1987). *Il marito di Elena*, Milano 1882 (*El marido de Elena*, Espasa-Calpe, Madrid 1998); *Mastro-don Gesualdo*, Milano 1888 (*Maestro-Don Gesualdo*, Alianza, Madrid 1971); *Dal tuo al mio*, Milano 1906. Relatos: *Nedda*, Milano 1874; *Primavera e altri racconti*, Milano 1876; *Vita dei Campi*, Milano 1880 (*La vida en el campo*, Periférica, Cáceres 2008); *Novelle rusticane*, Torino 1883; *Per le vie*, Milano 1883; *Vagabondaggio*, Firenze 1887; *I ricordi del capitano d'Arce*, Milano 1891; *Don Candeloro e C.*, Milano 1894. Teatro: *Cavalleria rusticana*, Torino 1884; *La lupa, In portineria, Cavalleria rusticana*, Milano 1896; *La caccia al lupo, La caccia alla volpe*, 1902; *Dal tuo al mio*, Milano 1903. Obras escogidas o completas: *Tutti i romanzi*, 3 voll., Firenze 1983; *Tutte le novelle*, Milano 2006; *Le novelle*, Roma 1980; *Teatro*, Milano 1987.

SALVATORE QUASIMODO (Modica, Ragusa 1901 - Amalfi 1968), después de haber vivido con la familia en varios pueblos del este de Sicilia, debido a los continuos traslados del padre, jefe de estación de ferrocarril, la familia va a Messina, ciudad destruida por el terremoto. Se establece en Roma en 1919 para estudiar Ingeniería. Trabaja para ganarse la vida primero en Roma y posteriormente en Reggio Calabria. Diez años después se muda a Florencia donde entra en contacto con Eugenio Montale y con Elio Vittorini, que lo introduce en el ambiente de la revista «Solaria», donde publica las primeras poesías en 1930. En el mismo año aparece la colección *Acque e terre*. Con *Oboe sommerso* (1932) y *Erato e Apòllion* (1936) se confirma como principal representante de la poesía hermética. En 1934 se traslada a Milán donde comienza a trabajar de manera estable como periodista. En 1938 se publica *Poesie*, la primera colección antológica importante. Sus célebres traducciones de poetas de la Grecia antigua, *Lirici greci*, es de 1940; desde 1941 es profesor de literatura italiana en el Conservatorio de Milán. Un año después se publica la colección *Ed è subito sera* (que incluye toda la producción precedente). Durante la guerra Quasimodo traduce (Homero, Virgilio, Catulo y posteriormente Shakespeare y Neruda) con gran éxito. La colección *Giorno dopo giorno* (1947) supone un cambio en su poesía, que desde los temas sicilianos y del mito se dirige a los temas de la guerra y de carácter «civil». Desde 1948 trabaja como crítico teatral para «Omnibus» y «Tempo». Un año después aparece *La vita non è sogno*. En 1958 publica *La terra impareggiabile* que obtiene el premio Viareggio. Ese mismo año con *Il falso e vero verde* inicia una tercera fase poética en la que mantiene una postura crítica hacia el consumismo, la tecnología y el neocapitalismo. En 1959 recibe el premio Nobel de literatura. Su última colección *Dare e avere* se publica en 1966.

Obras

Poesía: *Acque e terre*, Firenze 1930; *Oboe sommerso*, Genova 1932; *Erato e Apòllion*, Milano 1936; *Poesie*, Milano 1938; *Ed è subito sera*, Milano 1942 (*Y enseguida anochece*, trad. De C. Frabetti, Orbis, Barcelona 1985); *Con il piede straniero sopra il cuore*, Milano 1946 *Giorno dopo giorno*, Milano 1947; *La vita non è sogno*, Milano 1949; *Il falso e vero verde*, Milano 1954; *La terra impareggiabile*, Milano 1958; *Dare e avere*, Milano 1966 (*Debe y haber*, trad. de M. Arizmendi, Narcea, Madrid 1974). Traducciones: *Lirici Greci*, Milano 1940. Ensayos: *Il poeta e il politico e altri saggi*, Milano 1960. Obras escogidas o completas: *Tutte le poesie*, Milano 1960; *Poesie e discorsi sulla poesia*, a c. di G. Finzi, Milano 1971; ed. esp.: *Poesías completas*, trad. e intr. de A. Colinas, Comares, Granada 1991.

LUIGI PIRANDELLO (Agrigento, 1867 - Roma, 1936), nacido en una familia burguesa, después de sus estudios en Agrigento, cultivó sus intereses literarios y filológicos en las universidades de Palermo, Roma y Bonn, donde se licenció en 1891 con una tesis sobre los dialectos greco-sículos. En 1892 se estableció definitivamente en Roma y comienza a colaborar con revistas literarias gracias a la amistad con Luigi Capuana. Después de haberse casado, una crisis de las empresas de azufre de la familia destruyó su patrimonio obligándole a trabajar como maestro (1897-1922). Pirandello debuta como poeta con las poesías de *Mal giocondo*, publicadas en 1889, seguidas de *Pasqua di Gea, Elegie renane* y de la traducción de las elegías romanas de Goethe (*Elegie romane*, 1895). En esta primera producción poética están presentes tanto elementos carduccianos como elementos veristas. Su originalidad se revela después especialmente en su faceta como narrador. Los relatos se recogen a partir de 1922 en los volúmenes de *Novelle per un anno*; en 1901 y 1902 se publican las novelas *L'esclusa* e *Il turno*, y en 1904 *Il fu Mattia Pascal*, obra en la que la ironía sobre el destino humano manifiesta también un interés teórico, que aparece posteriormente en el ensayo *L'umorismo* (1908). De este periodo son también la novela *I vecchi e i giovani* (1909, reelaborada en 1931) y las obras teatrales en italiano y en dialecto. Se afirma como autor dramático especialmente en los años inmediatamente posteriores a la primera guerra mundial. Uno de los textos emblemáticos es *Così è se vi pare* (1917), donde el problema de la verdad es planteado como un dilema sin solución. Sin embargo, con la representación de *Sei personaggi in cerca di autore* en 1921 Pirandello comienza a ser reconocido por público y crítica internacional. En esta época de gran fertilidad artística Pirandello vuelve también a la novela (*I quaderni di Serafino Gubbio operatore*, 1925; *Uno nessuno e centomila*; 1926). En 1925 fundó con un grupo de jóvenes escritores y con su hijo Stefano el Teatro d'Arte di Roma del que fue director, y tuvo hasta 1934 su propia compañía (con la actriz Marta Abba). En 1929 es nombrado Accademico d'Italia y en 1934 obtiene el premio Nobel de literatura. Murió en Roma en 1935 mientras trabajaba en el «mito» *I giganti della montagna* (obra incompleta y acabada por su hijo Stefano), y en una autobiografía de la que ha quedado sólo la primera hoja.

Obras

Novelas: *L'esclusa*, Roma 1901 (*La excluida* en *Obras escogidas II*, Aguilar, Madrid, 1971); *Il turno*, Catania 1902 (*El turno*, Ediciones del Bronce, Barcelona 1999); *Il fu Mattia*

Pascal, Roma 1904 (*El difunto Matías Pascal*, Cátedra, Madrid 1998); *I vecchi e i giovani*, Roma 1909 (*Viejos y Jóvenes*, Gredos, Madrid 2006); *Suo marito* (1911); *Quaderni di Serafino Gubbio operatore*, Milano 1925 (*Cuadernos de Serafino Gubbio operador*, Gadir, Madrid 2007); *Uno, nessuno e centomila*, Milano 1925- 1926 (*Uno, ninguno y cien mil*, El Acantilado, Barcelona 2004). Relatos: *Amori senza amore*, Roma 1894; *Beffe della morte e della vita*, Firenze 1902, Firenze 1903; *Quand'ero matto*, Torino 1902; *Bianche e nere*, Torino 1904; *Ermes bifronte*, Milano 1906; *La vita nuda*, Milano 1911; *Terzetti*, Milano 1912; *Le due maschere*, Firenze 1914; *La trappola*, Milano 1915; *Erba del nostro orto*, Milano 1915; *Berecche e la guerra*, Milano 1919 ; ed. esp.: entre las diferentes colecciones: *Relatos para un año*. *Mantón negro*, Pre-textos, Valencia 2005; *De la nariz al cielo*, Gadir, Madrid 2006; *La tragedia de un personaje*, El Acantilado, Barcelona 2002; *La Tinaja*, Gadir, Madrid 2007; *Tercetos*, Júcar, Gijón 1989; otros cuentos en: *Obras escogidas*, 2 voll., Aguilar, Madrid I, 1959; II, 1971. Teatro, ed. completa: *Maschere Nude*, a c. di A. D'Amico, introduzione di G. Macchia, Mondadori, Milano, vol. I 1986; vol. II 1993; ed esp.: entre las últimas ediciones de las diferentes obras: *Enrico IV* , Firenze 1922 (*Enrique IV*, MK ediciones, Madrid 1986); *Sei personaggi in cerca d'autore*, Firenze 1921; *Ciascuno a suo modo*, Firenze 1924; *Questa sera si recita a soggetto*, Milano 1930 (*Seis Personajes en busca de autor; Cada cual a su manera; Esta noche se improvisa*, Cátedra, Madrid 1992). Otras obras teatrales en traducción española en *Teatro*, 2 vol., Guadarrama, Barcelona 1968; *Obras completas*, Plaza y Janés, Barcelona, vol. I, 1956; vol. II, 1958; *Obras escogidas*, cit. Ensayos: *Arte e Scienza* , Roma 1908; *L' umorismo*, Lanciano 1908 (*El humorismo*, Cuadernos de langre, Madrid 2007). Obras escogidas o completas: *Novelle per un anno*, vol. 1- 13, Firenze 1922-1928; voll. 14-15 Milano, 1934-1937; *Novelle per un anno*, a cura di M. Costanzo, introduzione di G. Macchia, Mondadori, Milano, vol. I, 1985; vol. II, 1987; vol. III, 1990; *Tutti i romanzi*, a c. di G. Macchia con la collaborazione di M. Costanzo, Mondadori, Milano 1973 (2 vol.); *Maschere Nude*, cit.; *Saggi, poesie e scritti vari*, a cura di M. Lo Vecchio Musti, Mondadori, Milano 1960; ed. esp.: *Obras completas*, cit.; *Obras escogidas* , cit.; *Teatro*, cit.

LEONARDO SCIASCIA: (Racalmuto, Agrigento, 1921 – Palermo 1989). Hijo de un empleado en una mina de azufre, Sciascia estudia magisterio en Caltanissetta entre 1935 y 1942, donde conoce a personas relevantes en su formación como escritor, entre otros Vitaliano Brancati. Desde 1948 hasta 1957 trabaja como maestro en Racalmuto, experiencia narrada en *Le Parrocchie di Regalpetra* (1956). Ya desde su primera actividad literaria combina la doble vertiente de la ficción y de la investigación ensayística. El eje central de su obra es la búsqueda de los problemas de la Sicilia contemporánea en la reconstrucción histórica del pasado que caracteriza también las narraciones de *Gli zii di Sicilia* (1960). La novela que le dio notoriedad, *Il giorno della civetta* (1961), se centra, como la posterior *A ciascuno il suo* (1966), en el fenómeno mafioso. A finales de la década de los sesenta Sciascia deja su trabajo como maestro, se traslada a Palermo con la familia y en verano vuelve a Racalmuto para escribir. Las obras donde empiezan a revelarse otros nexos fundamentales de la escritura sciasciana, la cultura ilustrada de ascendencia francesa y las relaciones históricas y culturales entre Sicilia y España, son *Il consiglio d'Egitto* (1963), *Morte dell'inquisitore* (1964), y posteriormente

Recitazione della controversia liparitana dedicata ad A.D. (1970). Con *Il contesto* (1971) y *Todo modo* (1974) aparece un acentuado pesimismo en el análisis de un malestar histórico que implica a todo el país y a su sistema de poder. Se hace cada vez más marcada la tendencia a incluir la denuncia social en la narración de historias reales de crónica (como en *L'affaire Moro*,1978). Estos tonos y otros matices autobiográficos se encuentran también en los relatos policíacos *Porte aperte* (1987), *Il cavaliere e la morte* (1988) y *Una storia semplice* (1989). Su vasta producción incluye también ensayos y traducciones del español y del francés. Fue asesor editorial para Sellerio y Einaudi, y dio una importante aportación al debate político y cultural italiano con sus artículos periodísticos. Las crónicas de sus viajes a España están recogidas en el volumen *Ore di Spagna* (1988; 2000).

Narrativa: *Le parrocchie di Regalpetra*, Bari 1956; (en *Las parroquias de Regalpetra. Muerte del inquisidor*, Bruguera, Barcelona 1982); *Gli zii di Sicilia*, Caltanissetta 1958; Torino 1960; *Los tíos de Sicilia*, Tusquets, Barcelona 1992; *Il giorno della civetta*, Torino, 1961 (*El día de la lechuza*, Tusquets, Barcelona 2007); *Il consiglio d'Egitto*, Torino, 1963 (*El archivo de Egipto*, Bruguera, Barcelona 1977). *Morte dell'Inquisitore*, Laterza, Bari 1964 (en *Las parroquias de Regalpetra. Muerte del inquisidor*, cit.); *A ciascuno il suo*, Torino 1966 (*A cada cual, lo suyo*, Tusquets, Barcelona 2009); *Il contesto*, Torino 1971 (*El contexto*, Noguer, Barcelona 1976); *Il mare color del vino*, Torino 1973 (*El mar de color de vino*, Bruguera, Barcelona 1981); *Todo Modo*, Torino 1974 (*Todo modo*, Bruguera, Barcelona 1982); *La scomparsa di Majorana*, Torino 1975 (*La desaparición de Majorana*, Tusquets, Barcelona 2007); *I pugnalatori*, Torino 1976 (*Los apuñaladores*, Tusquets, Barcelona 2006); *Candido, ovvero un sogno fatto in Sicilia*, Torino 1977 (*Cándido o Un sueño siciliano*, Bruguera, Barcelona 1979). *La strega e il capitano*, Milano 1986 (*La bruja y el capitán*, Tusquets, Barcelona 1987); *Porte aperte*, Milano 1987 (*Puertas abiertas*, Tusquets, Barcelona 2005); *1912+1*, Milano 1986 (*1912+1*, Tusquets, Barcelona 1987); *Il cavaliere e la morte*, Milano 1988 (*El caballero y la muerte*, Tusquets, Barcelona 1989); *Una storia semplice*, Milano 1989 (*Una historia sencilla*, Tusquets, Barcelona, 1990). Ensayos: *La corda pazza*, Torino 1970; *Atti relativi alla morte di Raymond Roussel*, Palermo 1971 (*En tierra de infieles. Autos relativos a la muerte de Raymond Roussel*, Bruguera, Barcelona 1982); *L'affaire Moro*, Palermo 1978 (*El caso de Aldo Moro*, Destino, Barcelona 1996); *Dalle parti degli infedeli*, Palermo 1979 (en *En tierra de infieles*, cit.); *Nero su nero*, Torino 1979 (*Negro sobre negro*, Bruguera, Barcelona 1984); *Il teatro della memoria*, Torino 1981 (*El teatro de la memoria*, Alianza, Madrid 1986); *La sentenza memorabile*, Palermo 1982 (*La sentencia memorable*, Mondadori España, Madrid 1990); *Cruciverba*, Torino 1983 (*Crucigrama*, FCE, México 1990); *Cronachette*, Palermo 1983 (*Mata Hari en Palermo*, Montesinos, Barcelona 1986); *Ore di Spagna*, a c. di N. Tedesco, Marina di Patti 1988; 2000 Milano (*Horas de España*, Tusquets, Barcelona 2007); *Alfabeto pirandelliano*, Milano 1989 (*Alfabeto pirandeliano*, Ediciones El milagro, México D.F. 1997); *A futura memoria (se la memoria ha un futuro)*, Milano 1989; *Occhio di capra*, Milano 1990; *Fatti diversi di storia letteraria e civile*, Palermo 1989 (*Sucesos de historia literaria y civil*, Alianza, Madrid 1991). Obras completas: *Opere*, 3 voll. (*1956-1971*; *1971-1983; 1984-1989*), a c. di C. Ambroise, Milano 1987; 1989; 1990.

NINO SAVARESE (Enna, 1882 – Roma, 1945), fue narrador y ensayista. Su formación tuvo lugar en el ambiente de las revistas «La Voce» y «La Ronda», y fue influenciado por la línea del modernismo tradicional y por el clima antipositivista y antifuturista. La colección de relatos *Novelle dell'oro* (1913) y la novela *L'altipiano* (1915) se caracterizan por una escritura elegante y refinada. En las obras de Savarese aparece un moralismo sutil incluso en la narrativa más lírica y fantástica como *Gatteria* (1925) y *Malagigi* (1929). Sin embargo, sus obras de madurez muestran mayor libertad respecto a estos esquemas, acentuando más bien la dimensión histórico-sociológica, como en *Rossomanno* (1935) e *I fatti di Petra* (1937), que se sitúan en un espacio entre la fábula y la alegoría. La disposición del autor esencialmente lírica se percibe también en el volumen *Cose d'Italia* (1940), colección de artículos y observaciones de costumbres ya publicadas en «Gazzetta del Popolo». En 1945 apareció también un diario de viaje, *Cronachetta siciliana dell'estate 1943*. Sus obras son inéditas en español.

Obras
Narrativa: *Novelle dell'oro*, Napoli 1913; *L'altipiano*, Roma 1915; *Gatteria*, Roma 1925; *Malagigi*, Roma 1929; *Storia di un brigante*, Milano 1931; *Rossomanno*, Roma 1935; *Singolari avventure*, Lanciano 1936; *I fatti di Petra*, Milano 1937. Ensayos: *Pensieri e allegorie*, Firenze 1920; *Cose d'Italia*, Firenze 1940; *Cronachetta siciliana dell'estate 1943*, Roma 1945.

GIUSEPPE TOMASI DI LAMPEDUSA (Palermo 1896 — Roma 1957) heredero de una antigua familia noble (príncipes de Lampedusa, duques de Palma y Montechiaro), interrumpió sus estudios de derecho comenzados en su ciudad para tomar parte en la primera guerra mundial, y los finalizó en Génova y Turín. Su primera formación madura en el ambiente de la biblioteca del palacio de la familia materna en Sicilia, y en particular los frecuentes viajes posteriores por Europa le permitieron desarrollar una sensibilidad y una cultura más cosmopolita y un marcado interés por los estudios históricos. Se dedicó a la narrativa en los últimos años, desde 1955 hasta su muerte; *Il Gattopardo*, inicialmente rechazado por dos grandes editoriales, fue publicado de manera póstuma por Feltrinelli gracias a la competencia crítica de Giorgio Bassani. La historia del príncipe Fabrizio Salina y de su familia en la Sicilia de los garibaldinos y del cambio de régimen fue un caso literario clamoroso. La restante producción comprende además ensayos y relatos. Los primeros son textos de lecciones de literatura inglesa y francesa que Tomasi, lector refinado, impartió a un restringido y muy selecto grupo de amigos y discípulos (entre ellos *Lezioni su Stendhal*, 1959 e *Invito alle lettere francesi del Cinquecento*, 1979). En los relatos (*I racconti*, 1961) aparecen motivos autobiográficos y elementos que remiten a la novela.

Obras

Narrativa: *Il Gattopardo*, Milano 1958 (*El gatopardo*, Altaya, Barcelona 1995); *I racconti*, Milano, 1958 (*Relatos*, Edhasa, Barcelona 1990). Ensayos: *Lezioni su Stendhal*, Firenze 1959 (*Stendhal*, Ediciones 62, Barcelona 1996); *Invito alle lettere francesi del Cinquecento*, Milano 1979 (*Conversaciones literarias. Invitación a las letras francesas del siglo XVI*, Bruguera, Barcelona 1983). Obra completa: *Opere*, Milano 1995.

www.ingramcontent.com/pod-product-compliance
Lightning Source LLC
Chambersburg PA
CBHW031316160426
43196CB00007B/558